『20대를 변화시키는 30일 플랜』에 보내는 2030의 찬사

◆ 한국의 20대 수재들이 보내는 찬사

이 책은 귀중한 20대의 시기를 알차게 보낼 수 있는 구체적인 방법과 도전적인 이 야기들을 전해주고 있다. 독자로 하여금 한 번 읽고 끝내기보다는, 지속적으로 삶 의 변화가 가능하도록 최대한으로 도와준다는 것이 다른 책과의 차이점이라고 할 수 있다. 너무 큰 도전을 주는 책이다.

-권혁남(연세대 수학과 05학번)

세상 물정 모르고 10대의 연장으로 20대를 편안하게 맞이한 지금, 준비되지 않은 나의 무력함을 인정하게 해버린 책. 하지만 동시에 많은 기회와 가능성을 향해 나 아갈 수 있는 지혜와 용기를 주었다. 기존의 자기 계발 서적과는 비교할 수 없다. 계속적으로 도전장을 내밀게 한다. 20대에게 꼭 추천해 주고 싶은 책이다.

-김성은(이화여대 법학과 04학번)

'충격!' 이라는 말은 이럴 때 쓰는 것 같다. 눈앞에 펼쳐진 새로운 현실에 제대로 반 응하지 못하고 마치 10대와 같은 삶을 계속 살아왔던 나에게 경각심을 일깨워주고 나아가야 할 길을 탁월하게 제시해 주었다.

-김재현(연세대 공대 04학번)

순수하면서도 설득력 있는 강력한 힘으로 다가온다. 자신의 삶을 변화시키고 싶 지만 마치 안개가 자욱한 숲 속에서 헤매고 있는 듯한 느낌으로 하루하루를 허비하는 20대에게 변화의 방법을 체계적이면서 명쾌하게 일러준다. 20대의 심장에 에너지 가 넘치도록 충전시켜 주는 책이다.

-서민혜(고려대 교육학과 02학번)

이 책은 20대에게 따끔한 충고와 함께 독려를 해주고 있다. 인생의 지침서라고나 할까. 이 책에 나와 있는 플랜들은 내 가슴을 강렬하게 두드린다. 20대를 위한 다른 책들과는 달리 사회적인 성공만을 말하고 있지 않다는 점에서 큰 공감을 얻었다. 가슴을 따뜻하게 만들어주는 책이다.

-임화성(서울대 약대 06학번)

◆ 20대 클럽 시삽들이 보내는 찬사

부모님, 교수님, 선배들, 친구들…… 그 누구도 20대에게 꿈을 찾는 법, 꿈을 이루는 법, 미래로 나아가는 법을 가르쳐주지 않는다. 그래서 이 책은 너무나 위대하고 소중하다. 막연히 성공하고 싶어하고, 꿈을 이루고 싶어하지만 방법을 모르는 20대에게 스스로를 객관적으로 바라보게 만들어주고 구체적인 지침을 가르쳐주기 때문이다. 기존의 자기 계발 책과는 차원이 다르다. 감히 이 시대 최고의 자기 계발서라고 말하고 싶다.

-노주환(서강대 경영학과 04학번, 책을 읽는 지성인들의 공간 북 클럽 르네상스 시삽, 100bookclub.com)

꿈을 향해 한 걸음 한 걸음 다가갈 수 있게 해주는 책이다. 멋진 미래를 꿈꾸는 대학생이라면 '30일 플랜'으로 남은 대학 생활을 혁신할 수 있을 것이다.

-백성욱(한국외대 인도어과, 대학생 교육 컨설팅 클럽 시삽, 63degree.cyworld.com)

냉혹하면서도 따스하다. 그 동안 읽어온 성공학 서적과는 다른 무엇인가가 가슴을 파고든다. 한번 손에 잡고 읽어 내려가자 도저히 빠져나올 수 없게 되었다. 책을 읽는 순간순간 무릎을 치며 감탄을 내쏟았다. 가방에 항상 넣어가지고 다니면서 나약해질 때마다 꺼내서 읽어보기를 권한다.

-심현수(고려대 일문학과 99학번, 20대 창업 모임 20대 사장 만들기 시삽, 20ceo.com)

고등학교 시절이 그리운가? 20대 후반엔, 30대엔 뭘 하고 있을까를 생각하면 막연하고 답답한가? 이런 사람들에게 이 책을 추천한다. '30일 플랜'이 변화를 가져다 줄 것이다.

-조윤호(가톨릭대 경영학과 03학번, 우리들의 TEPS 사삽, cafe.daum.net/oursteps)

◆ 이제 막 30대에 진입한 선배들이 보내는 찬사

이 책에서 제시하는 '30일 플랜'의 매력은 끈질긴 인내와 실천성에 있다. 꿈과 현실 사이에서 스스로를 저울질하고 있는 20대라면, 칠흑 같은 어둠 속에서 미래에 대한 불안으로 사시나무 떨듯 하고 있는 20대라면 이 책이 무엇과도 비교할 수 없는 명약이 되어줄 것이다.

-김민영(국내 최대의 북 미디어 『북데일리』 기자)

꿈과 열정으로 가득 찬 20대를 살고자 하는 이들에게 지혜와 방향을 제시해 주는 좋은 멘토가 되어줄 책이다. 20대에 자신을 변화시켜서 미래를 굳게 다지길 원한다면 분기마다 한 번씩 이 책을 읽으면서 자신을 점검해 가길 권한다. 굳은 마음으로 실천한다면 이미 꿈을 향해 가는 지름길에 들어서 있을 것이다.

-김옥윤(세계 최대의 청년운동단체 YMCA 근무)

이 책은 서른하나의 나로 하여금 지난 20대의 삶을 뒤돌아보게 해주었다. 젊음을 소모하거나 낭비하고 있는 20대에게, 쉽게 포기하고 현실과 타협하는 데 익숙해져 버린 20대에게, 독자적인 사고와 실천에서 멀어진 20대에게 이 책을 권하고 싶다. 20대를 20대답게 하는 것은 젊음 그 자체가 아니라 치열한 삶의 태도라는 사실을 깨닫게 될 것이다.

-송민경(서울대 정치학과 졸, 서울지방법원 북부지원 판사)

30일을 투자하기에 아깝지 않은 내용들로 가득 찬 책이다. 때로는 혹독하게 과거와 현재의 나의 모습을 반성하게 하고 때로는 이 내용대로 살 때 이루어질 앞으로의 모습을 기대하며 행복한 미소도 짓게 하는 책이다. 진정한 20대라면 저자가 정성스레 전하는 흥미진진한 '30일 플랜'에 도전하기를 바란다. 진정한 자기 변화를 경험하게 되리라 확신한다.
-이정희(세계 초일류 기업 '삼성' 근무)

비록 30대 초반이지만 나도 '30일 플랜'을 실천할 것이다. 20대를 위한 책은 많다. 하지만 이 책처럼 정보가 아닌 삶의 방식을 이야기하는 책은 드물다. '30일 플랜'을 실천하는 20대들은 훗날 고백하게 될 것이다. 이 책이 오늘의 나를 있게 했다고.
-정윤주(뉴질랜드 변호사, 전 유엔난민기구, 현 국가인권위원회 근무)

20대, 자기계발에 미쳐라

20대를 변화시키는 30일 플랜

20대, 자기계발에 미쳐라

2006년 4월 21일 1판 1쇄 발행
2008년 5월 25일 1판 22쇄 발행
2008년 10월 5일 2판 1쇄 발행
2011년 11월 20일 2판 15쇄 발행
2011년 12월 5일 3판 1쇄 발행

지은이 이지성
펴낸이 박준기
펴낸곳 도서출판 맑은소리
주소 서울시 금천구 가산동 550-1 롯데 IT캐슬 2동 1206호
전화 02-857-1488
팩스 02-867-1484
출판등록 제10-618호(1991. 9. 18.)

ISBN 978-89-7952-113-9 03320

20대, 자기계발에 미쳐라

맑은소리

이 지 성

한국 최초의 20대 비전 헬퍼(Vision Helper)이자 작가, 강연가.
글쓰기와 전혀 무관한 삶을 살았던 저자는 스무 살 때 작가라는 비전(Vision)을 세우고
지열하게 글을 쓰기 시작했다. 하지만 스불아홉이 되도록 여러 출판사에서 "작가로서의
가능성이 전혀 보이지 않으니 다른 일을 찾아보라"는 소리만 듣고 살았다. 저자는 그 혹
독한 시련의 세월을 "내가 꿈을 배반하지 않으면 꿈도 나를 배반하지 않는다"는 저자 스
스로가 만든 명언(?)을 믿으면서 이겨냈다. 그리고 마침내 서른 살 3월에 공식 데뷔작을
출판했다.
『20대를 변화시키는 30일 플랜』은 모두가 불가능하다고 말하는 자기 자신만의 꿈에 미
쳐 살아온 저자의 20대가 고스란히 녹아 있는 책이다. 저자는 대부분의 자기 계발 서적
에서 말하는 "사고방식만 변화시키면 인생을 변화시킬 수 있다"는 식의 달콤한 제안을
하지 않는다. 기적적인 자기 변화를 이룩한 500여 명으로부터 추출한 과학적인 자료를
바탕으로, 하루하루의 생활과 인간 관계까지 완벽하게 변화시켜야 한다고 주장한다. 더불
어 20대를 완벽하게 변화시키는 구체적인 방법들을 제시하고 있다.
『18시간 몰입의 법칙』, 『솔로몬 학습법』, 『성공하는 아이에게는 미래형 커리큘럼이 있다』
등의 베스트셀러로 세상에 이름을 알린 저자는 CBS, EBS, JEI, MBC, SBS 등 각종 TV
및 라디오 방송에 출연했으며 『국민일보』, 『경향신문』, 『중앙일보』, 『조선일보』 등 국내
주요 일간지에서 비중 있게 소개되었다. 현재 저자의 책은 일본, 중국, 대만 등에서 저작
권 수출 의뢰가 잇따르고 있고, 이미 번역 · 출간도 되고 있다.

E-mail : wfwijs@hanmail.net

글을 시작하며

20대에는 30대가 된 나의 모습이 상상조차 되지 않았다.

나는 영원히 20대로 살 것 같았다.

만일 30대가 된다면 상당히 비참할 것 같았다.

당시 내 주변에 있던 30대들은 대체로 김빠진 콜라 같은 삶을 살고 있었기 때문이다.

세월이 흘러 나는 30대가 되었다.

그러나 지금 내가 느끼는 삶은 눈부시기만 하다.

나는 내가 그토록 열정적으로 살았다고 생각했던 20대 시절보다 더 젊게 살고 있다.

만일 누군가가 내 가슴을 열어본다면 태양조차 무색케 만들 뜨거운 꿈과 패기 외에는 아무것도 발견하지 못할 정도로.

내가 20대에 세운 꿈은 작가였다.

그런데 내가 처한 현실은 절대로 작가가 될 수 없는 것이었다.

나는 학창 시절 글짓기 대회에서 입상 한번 해본 적이 없다. 문예 창작과를 졸업하지도 않았다.

나에게는 따로 글공부를 할 시간도 없었다. 나는 대학을 졸업하자마자 군인이 되었고, 제대하자마자 교사가 되었다.

20대에 작가가 되기로 꿈을 정하고 10년 가까이 그 길을 걸었지만, 나에게 돌아온 것이라곤 출판사들의 냉대와 무시뿐이었다.

하지만 지금은 그 시절의 일들을 웃으면서 말할 수 있는 사람이 되었다.

20대의 어느 날에 '자기 변화'를 선택하고 일관되게 그 길을 걸어온 결과다.

20대에 내가 실천한 '자기 변화 플랜'은 나로 하여금 객관적으로 불가능해 보이는 조건을 딛고 꿈의 세계로 날아갈 수 있게끔 해주었다.

나뿐만이 아니다. 꿈을 잃어버린 대부분의 30대와는 달리 꿈에 불타서 사는 소수의 30대는 20대에 '자기 변화 플랜'을 실천했다는 공통점을 갖고 있다. 이 자기 변화 플랜을 세상의 모든 20대에게 소개하고 싶다.

내가 생각하는 작가라는 존재는 머리는 백 살로, 가슴은 스무 살로 살아가는 존재다.

나는 20대 내내 서른이 넘으면 반드시 20대를 위한 책을 쓰겠다고 생각했다.

비록 생물학적 나이는 계속 올라가겠지만, 정신적 나이는 영원히 20대에 머무를 것이라는 예감이 있었기 때문이다.

이 책은 20대를 먼저 살아간 선배가 들려주는 충고가 아니다.

이 책은 따뜻한 편지다.

지금 이 순간도 20대이고, 머리에 흰눈이 하얗게 내릴 그때도 지금과 동일한 20대의 영혼으로 살아갈 내가 20대 친구들에게 보내는······.

2006년 4월

이 지 성

차 례

제4부

20대의 생활을 변화시키는 10일 플랜

제 1 부

20대,
정신 바짝 차리고 살아라

✳ 정신 바짝 차려라

많은 사람들이, 특히 교육계와 문화계에 종사하는 사람들이 20대를 가리켜 낭만적인 시기라고 한다. 그들은 20대의 젊음과 가능성을 찬양하는 글을 쓰는가 하면 텔레비전이나 영화 혹은 다른 문화 상품을 통해 20대가 얼마나 아름다운 때인가를 설파하기도 한다.

이유는 간단하다. 그렇게 해야 20대가 자신의 상품을 산다고 믿기 때문이다. 20대가 처한 냉정한 현실, 땀과 눈물을 흘리지 않고서는 절대로 뛰어넘을 수 없는 냉혹한 현실의 벽을 있는 그대로 그리면, 20대는 재미없다며 고개를 돌릴 게 뻔하다고 생각하기 때문이다.

사실 맞는 분석이기도 하다. 대다수의 20대는 현실 감각 없이 사는 사람들인지라, 현실을 있는 그대로 보여주면 "그럴 리 없어!"라며 부정한다. 그러나 현실은 현실이다.

세상에는 두 부류의 20대가 있다. 생각 없는 20대와 생각 있는 20대.

전자는 부모님의 보호를 당연한 것으로 여긴다. 학교나 직장을 단지 열심히 다니는 것만으로 자기 할 일을 다 했다고 생각한다. 이 사회를 이끌어가고 있는 백전노장들을 그저 존경하기에 바쁘다. 세상이 얼마나 어려운 곳인가를 전혀 실감하지 못한다. 곧 있으면 닥쳐올 30대를 맞을 준비가 전혀 되어 있지 않다.

후자는 부모님의 보호자가 되기 위한 준비를 하고 있다. 학교나 직장을 열심히 다니는 것은 기본에 불과하다는 것을 잘 알고 있다. 이 사회를 이끌어가고 있는 백전노장들을 능가하는 사람이 될 준비를 하고 있다. 세상이 얼마나 어려운 곳인가를 온몸으로 깨닫고 있다. 30대를 치열하게 준비하고 있다.

자기 자신에게 질문을 던져보자.

"나는 어디에 속하는가? 전자인가, 후자인가?"

만일 전자에 속한다면, 지금부터라도 정신 바짝 차려야 한다. 그대는 지금 파멸의 늪을 향해 걸어가고 있다. 그대는 속히 발길을 돌려야 한다. 그렇지 않으면 세상이 사람에게 얼마나 잔인해질 수 있는가를 온몸으로 깨닫게 되는 불행한 30대를 맞이하게 된다.

만일 후자에 속한다면, 역시 정신 바짝 차려야 한다. 그대 정도의 준비는 생각 있는 20대라면 누구나 하고 있는 일이다. 그대는 가장 치열하게 사는 20대가 되어야 한다. 그렇지 않으면 그대보다 더 치열하게 살아온 사람 밑에서 힘겹게 뛰어다녀야 하는 안타까운 30대를 맞이하게 된다.

인간이 선택을 하면 결과가 따른다.

20대에는 매일 아침마다 "나는 오늘 정신을 바짝 차리고 살겠다!"라는 선택을 해야 한다. 엄숙한 의식을 치르듯이 거울을 보고 오른팔을 'ㄴ' 자로 꺾어 들고 큰 소리로 외쳐야 한다. 그리고 실제로 그 약속을 지키면서 살아야 한다. 그런 20대만이 자부심으로 가득 찬 삶을 사는 30대가 될 수 있다.

✳ 20대는 무능력하다

좀 극단적인 문장을 제목으로 쓴 것 같다. 하지만 나는 고칠 마음이 추호도 없다. 왜냐하면 사실이기 때문이다.

20대를 너무 무시한 것 아니냐며 반감을 갖는 사람이라면 책을 덮고 멀리 떨어진 도시로 가보라. 무일푼으로, 아는 사람 한 명 없는 곳으로 가라. 가서 10일만 생활해 보라. 그러면 깨닫게 될 것이다. 자신이 정말 무능력한 존재라는 것을.

낯선 도시에서 그대는, 육체 노동자의 자질밖에 없는, 그것도 남들이 먹다 남긴 접시를 닦거나 편의점에서 과자 봉지를 만지작거리는, 아니 그런 일자리도 제대로 따내지 못하는, 이 사회에 있으나마나한 존재인, 날것 그대로의 자신과 마주치게 될 것이다.

있는 그대로의 자신을 냉정하게 바라보기 바란다.

그대는 내부에서 힘이 펄펄 끓어오른다고 느끼지만, 실제로 그대가 발휘할 수 있는 힘이란 하나도 없다. 그대는 나름대로 영리하다고 생각하겠지만, 그대의 계획대로 움직여주는 사람이란 그대의 속을 알고도 뻔히 속아주는 부모님과 친구들밖에 없다. 그대는 나름대로 미래가 괜찮게 펼쳐질 거라고 생각하겠지만, 기억하라. 지금 이 사회에서 인생 실패작의 대명사로 불리는 고학력 실업자들 역시 20대에 그대와 똑같은 생각을 했었다.

자, 다시 냉정하게 그대 자신을 살펴보자.

그대는 가난하다. 물론 그대의 부모님은 부자일 수도 있다. 그래서 그대는 '가난'이라는 단어와는 마주칠 일이 없다고 생각할 수도 있다. 하지만 지혜의 눈을 뜨고 자신을 다시 보기 바란다. 그대가 비록 재벌에 준하는 집의 자녀라고 해도 그대는 가난하다. 왜냐하면 그대에게는 부모님의 부를 유지할 수 있는 지식이 없기 때문이다.

만일 부모님께서 돌아가신다면 그대는 부모님의 재산을 지킬 수 있는가? 온갖 법률적·금융적 지식과 처세술로 무장한 세상의 무서운 세력들과 맞서 싸울 힘이 있는가? 그들을 제압할 수 있는 실력이 있는가? 만일 없다면 그대는 허수아비 파수꾼에 불과하다. 세상은 그대를 순식간에 빈털터리로 만들어버릴 것이다. 그러니 그대는 가난하다.

그대는 무능력하다. 물론 그대는 자신이 무능력하다고 생각하지 않을 것이다. 하지만 나는 그대의 주관적인 생각을 이야기하고 있는 게 아니다. 객관적인 사실을 이야기하고 있다.

내 말이 믿기지 않는다면 가까운 은행을 찾아가서 대출을 받아보라. 은행이 지급하는 대출금이 바로 이 사회가 매긴 그대의 몸값이다. 그대는 십중팔구 대출을 받기는커녕 비웃음만 받을 것이다. 아니, 어쩌면 그대는 천만 원을 대출받을 수 있을지도 모른다. 하지만 냉정하게 생각해 보아야 한다. 천만 원이란 돈은 기껏해야 평범한 회사원의 네다섯 달 치 월급에 불과하다. 모든 가치를 돈으로 계산하는 냉혹하기 이를 데 없는 사회의 잣대로 평가한다면, 그대는 참으로 무능력하다.

그대는 매트리스적 인간 관계 속에서 살아가고 있다. 그대가 친구라고 생각하는 사람들은 어쩌면 친구가 아닐 수도 있다. 물론 그대는 매일 친구들을 만날 것이다. 그리고 그때마다 가슴 뭉클한 우정을 체험할 것이다. 하지만 그것이 과연 진실일까? 그대가 지금 친구라고 믿고 있는 사람들은 그대의 집이 파산했을 때도, 그대에게 용돈이 단 한 푼도 없을 때도, 그대가 사주 만나주지 못해도, 그대가 지금처럼 이야기를 들어주거나 웃어주지 않는다 해도 여전히 그대를 사랑할까?

이 질문에 대한 답을 알고 싶다면 친구들의 인간 관계를 조사해 보라. 그대가 친구라고 믿고 있는 사람들은 자신과 비슷한 환경의 또래

와만 인간 관계를 맺고 있는가, 아니면 환경을 초월한 인간 관계를 맺고 있는가? 만일 비슷한 학력, 비슷한 지역, 비슷한 경제력을 가진 사람들 위주로 인간 관계를 맺고 있는 사람이라면 그는 그대가 현재의 물질적 환경을 상실하게 될 때 점진적으로 등을 돌릴 가능성이 많다.

엄밀히 말해서 그대 곁에는 아직 친구가 하나도 없다. 그대가 친구라고 믿고 싶어하는 사람들이 있을 뿐이다.

자, 여기까지가 그대의 실체다.

이제 그대는 어떻게 살아야 할까?

✱ 20대는 변화해야 한다

세상을 두려워하는 생쥐가 한 마리 있었다.

생쥐는 늘 소망했다. '호랑이가 되었으면, 호랑이가 되었으면……' 하고.

어느 날 생쥐는 마법사를 만나게 되었다. 생쥐의 간곡한 부탁을 들은 마법사는 생쥐를 호랑이로 변화시켜 주었다.

그런데 호랑이가 된 생쥐는 여전히 생쥐처럼 행동했다. 험한 산을 타면서 신체를 단련하지도, 자기 영역을 침범한 다른 맹수들에게 맞서 싸우지도 않았다. 그저 굴 속에 들어앉아 빈둥거리거나, 어떻게 하면 고양이를 혼내줄 것인가 같은 문제에만 골몰했다.

숲은 난장판이 되었다. 세상의 떠돌이 맹수란 맹수는 다 숲으로 몰려들었다. 초식동물들은 일제히 숲을 떠났고, 맹수들은 매일같이 아귀다툼을 벌였다. 도저히 안 되겠다고 판단한 마법사는 호랑이를 다시 생쥐로 돌려놓을 수밖에 없었다.

10대에는 누구나 '어서 빨리 스무 살이 되었으면……' 하고 바란다.

그런데 어느 날 갑자기 마법 같은 일이 벌어진다. 어제까지 청소년이었던 내가 성인식의 주인공이 되어 있다. 모두가 나를 성인이라고 불러주고 성인으로 대접해 준다. 진짜로 20대가 된 것이다.

그런데 나이만 20대지 생각과 행동은 여전히 10대인 사람들이 얼마나 많은가.

10대 때 그랬던 것처럼 여전히 세상이 살 만한 곳인 줄 알고, 여전히 사람들이 다 행복한 줄로만 아는 20대.

여전히 컴퓨터 게임에 빠져 있고, 여전히 연예인에게 열광하는 20대.

여전히 용논을 타다 쓰고, 여전히 콜라와 패스트푸드를 즐기고, 여전히 귀에 대중가요를 걸고 다니는 20대.

여전히 편한 사람들하고만 인간 관계를 맺고, 여전히 어제와 같은 오늘을 사는 20대.

고작 대학 공부 하나 열심히 하는 것으로, 또는 직장 업무를 성실히 하는 것으로 자기 할 일을 다 했다고 착각하는 20대.

특히 여전히 부모님의 고통을 모르는 20대.

몸은 이미 호랑이가 되었는데, 생각과 행동은 여전히 생쥐 상태에 머물러 있는 20대가 얼마나 많은가.

30대가 되면 이런 사람들은 다시 생쥐로 돌아간다. 10대 때 그랬던 것처럼 세상을 두려워하고, 타인의 규제와 지시를 받는 삶을 살게 된다.

조금 힘에 부치더라도 20대는 호랑이처럼 살아야 한다. 매일 자기 자신에게 도전하고 매일 세상과 싸워야 한다. 그래야 30대에 진짜 호랑이로 살 수 있다.

20대는 변화해야 한다.

제 2 부

20대를 변화시키는
30일 플랜

✱ 변화할 수밖에 없게끔 만드는 플랜을 가져야 한다

앞에서 나는 "20대는 변화해야 한다"라고 썼다. 그런데 이 문장은 아래처럼 고치는 게 더 옳을 것이다.

"20대는 변화하고 싶어한다."

변화의 필요성은 20대도 잘 알고 있다. 20대에 자기 변화를 이룩하지 않으면 30대에 얼마나 맥 빠진 삶을 살게 되는지도 어렴풋이 알고 있다. 그리고 무엇보다 가슴속의 뜨거운 피가 가르쳐준다.

지금 네 모습은 너의 진짜 모습이 아니라고, 너는 변화해야 한다고, 네가 마음속에 선명하게 그리는 바로 그 존재가 되어야 한다고, 너는 그 영상을 현실로 만들기 위해서 태어났다고.

하지만 변화를 이룩하는 20대는 많지 않다. 대부분의 20대는 시도만 하다 끝난다. 그리고 20대 후반 무렵부터는 점점 체념하기 시작한다. 더불어 남은 인생을 조직의 부속품으로 살아갈 준비와 다른 사람의 명령과 지시를 받는 사람으로 살아갈 준비를 하기 시작한다. 이런 사람이 되지 않으려면 어떻게 해야 할까? 세계 전쟁사를 화려하게 장식하고 있는 위대한 장군들에게서 그 해답을 찾아보자.

이 순 신
카이사르
칭기즈 칸
나폴레옹

위의 네 사람은 한때 무능력한 인간의 대명사와도 같은 삶을 살았다. 객관적으로 볼 때 도저히 성공할 수 없는 조건으로 무장한 오늘날의 대부분의 20대와 별반 다르지 않았다.

이순신은 고학력 실업자였다.
카이사르는 신용불량자였다.
칭기즈 칸은 결손가정 출신에 왕따였다.
나폴레옹은 전과자였다.

하지만 한때 사회 낙오자의 엑기스 같은 삶을 살았던 네 사람은 후일 자신의 운명뿐 아니라 세계의 운명까지도 변화시키는 위대한 인물이 된다. 객관적으로 볼 때 참패할 수밖에 없는 모든 전쟁을 압도적인 승리로 이끌었던 것이다. 이는 특별한 전략이 있었기 때문에 가능한 일이었다.

의욕만으로, 노력만으로 이길 수 있는 전쟁이란 없다. 이기기 위한, 아니 이길 수밖에 없는 전략을 가져야만 승리할 수 있다. 자기 변화 역시 마찬가지다. 변하고자 하는 마음만으로는 변화를 만들어낼 수 없다. 나로 하여금 변화할 수밖에 없게끔 만드는 플랜을 가져야 한다.

✳ 20대를 변화시키는 30일 플랜

자기 변화에는 법칙이 있다. 여기서는 편의상 '공식'이라고 부르자.

공식의 중요성은 10대에 수학 공부를 하면서 뼈저리게 체험했을 것이다. 난이도가 그리 높지 않은 문제라도 공식을 잘못 대입하면 틀리고, 정신이 아득해질 정도로 어렵게 보이는 문제라도 공식만 잘 대입하면 비교적 쉽게 풀리지 않았던가.

자기 변화 역시 마찬가지다. 아무리 뛰어난 능력을 가진 사람이라도 변화의 공식을 따르지 않으면 실패하고, 아무리 가능성이 없어 보이는 사람이라도 변화의 공식만 잘 따르면 성공한다.

선진국에서는 자기 변화 공식이 단순한 공식의 수준을 넘어서 학문의 한 갈래로 정착되었다. 100년이 넘는 역사와 계보를 가지고 있는 성공학은 기업의 변화와 성공을 다루기 시작하면서 경영학으로 진화했다.

성공학의 진실성과 효능은 감히 내가 보장한다. 성공학에서 말하는 변화의 법칙을 따르면 누구나 성공할 수 있다. 나도 성공학을 통해서 사고방식을 변화시켰고, 꿈을 이루기 위해 필요한 정신적 자원을 마련했다. 크게 성공한 사람들 역시 마찬가지다. 그들의 성공 요인을 분석해 보면 성공학이 정리해 놓은 법칙에서 크게 벗어나지 않는다.

그런데 서구에서 건너온 성공학은 우리나라의 실정과 맞지 않는 점이 있다. 예를 들면 성공학의 전체 초점은 마인드의 변화에 맞추어져 있다. 마인드만 변화시키면 불가능은 없다는 것이 그 요지다. 물론 이 말은 백퍼센트 옳다. 하지만 현실성이 떨어진다. 특히 언젠가부터 두려울 정도로 활동적이 되어버린 우리나라 사람들에게 적용하기에는 부족한 감이 많다. 더구나 활동 그 자체인 20대에게는 두말 할 것 없다.

우리나라의 20대에게는 마인드뿐만 아니라 행동과 인간 관계의 변화까지도 동기를 부여해 줄 수 있는 또다른 공식, 즉 20대를 위한 자기 변화 플랜이 필요하다. 이것이 20대를 변화시키는 30일 플랜이

탄생한 이유다.

20대를 변화시키는 30일 플랜은 세 가지의 10일 플랜으로 구성되어 있다.

첫번째 10일 플랜은 사고방식을 변화시키는 것을 목적으로 한다.

두번째 10일 플랜은 행동을 변화시키는 것을 목적으로 한다.

세번째 10일 플랜은 인간 관계 마인드를 변화시키는 것을 목적으로 한다.

20대를 변화시키는 30일 플랜은 재도전이 쉽고 순환이 가능하다.

30일 플랜을 실천하다가 실패할 경우 남은 기간에 에너지를 충전한 뒤 새 달이 시작될 때 재도전하면 된다. 또 매달 1일에 다시 시작하는 마음으로 30일 플랜을 실천하면 '20대를 변화시키는 30일 플랜'은 단순히 30일로 끝나는 게 아니라 적게는 몇 달, 많게는 몇 년 혹은 그 이상으로까지 확장된다.

✳ 30일 플랜으로 그대가 꿈꾸는 바로 그 존재로 변화하라

내가 아는 한 후배가 있다. 그는 자기 계발 서적을 주로 읽는다. 참고로 말하면 그가 한 달에 읽는 자기 계발 서적은 한 권 내외다. 나는 그의 자기 변화 욕구와 독서 습관을 존중한다. 그런데 어쩌다가 그가 하는 말을 들으면 눈앞에 한 명의 바보를 두고 있는 듯한 기분이 들 때가 있다. 그가 하는 말은 이렇다.

"아, 이번에도 속은 것 같아. 자기 계발 서적이라는 게 그렇다니까. 사기야, 사기. 책을 읽는 순간에는 나를 변화시키고 싶은 의욕이 급격하게 솟구치게 만들지만 그게 이틀을 못 간다니까. 그러다가도 마음이 싱숭생숭해지면 또다른 책을 읽게 만드니, 그게 바로 교묘한 사기가 아니고 뭐겠어!"

개인적으로 내가 그를 바보 취급하는 이유가 여기에 있다. 그는 자기 변화를 위해 한 달 평균 고작 두세 시간, 단돈 만 원을 투자하고서 자신의 인생이 송두리째 변화되기를 원한다. 나는 그런 후배가 차라리 사기꾼 같다는 생각이 든다.

나는 이 책이 독자의 일시적인 자기 변화 욕망을 만족시켜 주는 그런 일회성 책이 되기를 원하지 않는다. 나는 분명히 말하고 싶다. 이 책을 한 번 읽는 것으로는 안 된다고. 겨우 몇 시간에 걸쳐서 한 번 쭉 훑어보고는 '책을 다 읽었으니 뭔가 변화가 있겠지' 하고 기대한다면 그 사람은 세상에서 가장 어리석은 사람이다.

자기 변화는 공짜로 이루어지지 않는다. 자기 변화는 오직 피와 땀과 눈물로 이루어진다.

새로운 자신을 만들기 위해 그대 인생의 30일만 투자하라.

그 30일 동안 정신이 극한에 다다르고 몸이 부서지도록 자기 자신을 몰아세워라.

이 책을 읽고, 읽고, 또 읽어라. 종이 위의 활자들이 닳아 없어지도록 읽고 또 읽어라.

그리고 온 힘을 다해서 책의 내용을 실천하라.

이러다가 내가 죽는 게 아닐까 하는 두려움이 엄습할 정도로 자기 자신을 단련시켜라.

이 책은 바로 그런 삶을 살아갈 준비가 된 사람을 위해서 쓰여졌다.

30일 플랜을 실천해서 완전히 다른 존재로 변화하라.

그대가 꿈꾸었던 삶을 사는 사람이 되어라.

그대의 경험을 사람들에게 아낌없이 나누어줄 수 있는 사람이 되어라.

사회에 의해 변화되지 않고, 사회를 변화시키는 사람이 되어라.

그대는 할 수 있다.

제 3 부

20대의 사고방식을
변화시키는 10일 플랜

제1일 선택의 관점을 가져라

삶을 바라보는 두 가지 관점이 있다. '우연히' 관점과 '선택'의 관점이 그것이다.

실패자는 이렇게 말한다.

"어쩌다가 이런 집에 태어나가지고……."

"왜 하필 이런 나라지? 세상에 잘사는 나라가 얼마나 많은데 왜 하필 이 땅에 태어난 거야?"

"이 사람들만 아니었다면……."

반면 성공자는 이렇게 말한다.

"우리 집은 나부터 시작이야!"

"거의 모든 가능성이 실현된 선진국에 비하면, 우리나라는 기회의 천국이야!"

"이 사람들을 변화시킬 거야. 기필코 그렇게 만들 거야!"

삶을 바라보는 실패자의 관점은 '우연히' 사고방식에 토대를 두고 있다. 그는 자신이 우연히 태어났다고 믿는다. 또 사람들을 우연히 만났다고 믿는다. '우연히' 시각으로 세상과 인간 관계를 바라보니 핑계가 많을 수밖에 없고 불평불만이 끊이지 않는다. 물론 그것은 감정을 가진 인간으로서 자연스러운 일이다. 하지만 그런 태도가 자신의 가능성을 제한한다면 매사에 핑계를 찾고 불평불만을 터뜨리는 습관은 버리는 게 현명할 것이다.

'우연히' 사고방식은 현실을 직시하고 개선하려는 내 안의 의지를 말살한다. 나로 하여금 어쩔 수 없다는 태도로 현실에 질질 끌려가게 만든다. 나로 하여금 현실의 노예로 살아가게 만든다.

삶을 바라보는 성공자의 관점은 철저하게 '선택'의 사고방식에 토대를 두고 있다. 그는 자신이 이 세상을 선택해서 태어났다고 믿는다. 태어난 시대, 태어난 국가, 태어난 지역, 태어난 집 등 모두 태어나기 전에 철저히 선택했다고 믿는다. 인연을 맺게 되는 사람들 역시 마찬가지다. 우연히 만난 게 아니라, 내 안의 어떤 의지가 사람들을 끌어들였다고 믿는다. 좋지 않은 환경이나 바람직하지 못한 인간 관계는 내가 변화시켜야 할 것으로 인식한다. 아니 자신이 그것들을 변화시키기 위해 태어났다고 믿는다. 사고방식이 이러하니 매사에 도전적이고 발전적이다. 어떤 경우에도 핑계나 불평불만을 용납하지 않는다. 오직 '현실을 변화시킨다'는 목표를 향한 집요한 의지와 열정과 행동만 있을 뿐이다. 이렇게 살아가니 성공하지 않을 수 없다.

지금 혹시 풀리지 않는 답답한 인생을 살고 있는가?

마음은 변화하고 싶어하는데, 행동이 따르지 않아서 고민스러운가?

그렇다면 먼저 사고방식부터 분석해 보라. 혹시 내가 '우연히' 사고방식의 소유자는 아닌지 냉정하게 점검해 보라. 작은 돌부리 하나가 질주하는 마차의 바퀴를 전복시키듯이, '우연히' 사고방식은 인생을 변화시키고자 하는 내 안의 의지를 넘어뜨린다.

그대 안에 '우연히' 사고방식이 있는가? 만일 있다면 남김없이 분쇄해 버려라.

"안 돼!", "위험해!", "어리석은 짓이야!", "사람들이 너를 우습게 볼 거야!"라고 그대의 변화를 가로막는, 그대 안의 돌부리들을 과감히 뽑아버려라.

"왜 안 돼? 난 할 수 있어! 안 돼도 해볼 거야. 그럼 경험이라도 남잖아!", "시도하지 않는 인생이 가장 어리석은 거야!", "내 인생은 내가 결정해. 나를 부정적으로 생각하는 사람들에게 내 삶의 결정권을 넘겨줄 수는 없어!"라고 말하며 변화를 시도하라.

그대는 삶을 선택해서 태어났다.

♣ 오늘은……

오늘은 30일 플랜을 실천하는 첫번째 날이다.

현대 성공학의 창시자로 불리는 오리스 스웨트 마든은 강력한 자기 변화를 일으킬 수 있는 방법 중 하나로 '목표를 큰 소리로 말하기'를 제안했다. 그의 말을 들어보자.

"큰 소리로 말한 목표는 생각만으로는 깨우기 힘든 내부의 에너지를 깨운다. 만일 당신이 목표를 큰 소리로, 힘차게, 단호하게, 열정적으로 외칠 수 있다면 목표를 이룰 가능성이 더 많아진다."

오리스 스웨트 마든의 말을 실천하는 사람들이 있다. 그들은 세계적인 대기업의 CEO들이다. 그들은 자기 조직의 비전을 전 사원과 한 목소리로 수시로 크게 외친다.

세계적인 거물들이 사용하는 방법을 그대라고 사용하지 말라는 법은 없다. 지금 즉시 큰 소리로 이렇게 외쳐보라.

"나는 내 삶을 선택해서 태어났다!"

주변에 사람들이 너무 많아서 외치기 곤란했다면, 조용한 장소에 가서 외쳐보라.

"나는 내 삶을 선택해서 태어났다!"

위의 문장을 오늘 하루 딱 100번만 외쳐보기를 권한다. 진심을 담아서, 큰 소리로, 열정적으로, 단호하게!

그러면 그대 안에서 서서히 깨달음이 생겨날 것이다.

오늘 하루는 오직 그 깨달음만 붙들어라.

이 사고방식의 전환이 그대 인생에서 지울 수 없는 특별한 흔적이 되게 하라. 내일이면 시들어버릴 그저 그런 깨달음이 되게 하지 마라.

무사가 자신의 맹세를 칼에 새겨넣듯이 오늘의 이 깨달음을 그대의 심장에 새겨넣어라.

그리고 영원히 성공자의 사고방식으로 살아라.

그대는 성공자가 되어야 한다.

♣ 생각해 보자

❶

보도 섀퍼는 스물여섯 살 때 신용카드 남발로 인해 파산했다. 그러나 정확히 서른 살이 되던 해에 모든 빚을 갚았다. 그리고 몇 년 뒤 경제적 자유를 획득했고, 억만장자로 은퇴했다.

20대에 파산하고 알거지가 되었던 보도 섀퍼를 30대에 경제적 자유를 획득한 사람으로 변화시켜 준 것은 한순간의 깨달음이었다. 그는 가난이란 '사람이 자신의 삶과 세상 그리고 돈에 대한 책임감을 거부할 때 찾아오는 것' 임을 깨닫고 그에 대해 책임감을 갖기로 결정했다.

그는 먼저 파산의 책임을 자기 자신에게 돌렸다. 그리고 새로운 믿음을 가졌다. 내 선택의 결과로 파산이라는 사건이 생겼으니, 경제적 성공 역시 내 선택의 결과로 생겨날 것이라는. 그때부터 보도 섀퍼의 삶은 변화하기 시작했다.

'우연히' 사고방식을 '선택' 의 사고방식으로 바꾼 결과 새로운 삶을 맞이하게 된 것이다.

❷

빅터 프랑클 박사는 20세기의 가장 저명한 심리학자 중의 한 사람이다. 그는 아우슈비츠 수용소에서 포로로 생활했던 경험을 토대로 여러 권의 책을 저술했는데, 모두 세계적인 베스트셀러가 되었다.

그는 삶에 대한 시각의 차이가 인간의 운명에 어떤 영향을 미치는가를 설명하기 위해 자신의 수용소 경험담을 예로 들었다. 그는 이렇게 말했다.

"나를 비롯해서 수용소에서 끝까지 자신의 인격을 지키고 살아남은 사람들은 삶에 대해 무엇도 바라지 않았다. 우리들은 오히려 삶이 인간에게 무엇을 바란다고 생각했다. 반면 정신이상 증세를 보이면서 죽어간 사람들은 삶에 대한 기대를 끝까지 버리지 못했다. 그들은 언젠가는 삶이 자신들에게 무언가 좋은 것을 줄 거라고 생각했다. 그러나 현실은 정반대였다. 그들은 그 간격을 견디지 못하고 미쳐갔던 것이다."

제2일 크게, 오직 크게 생각하라

조지아 주립대학교 경영학 교수를 역임한 데이비드 슈워츠 박사는 한 회사의 회의에 참석했다가 부사장의 연설을 듣고 충격을 받았다. 부사장은 이렇게 말했다.

"여러분, 해리라는 사원은 여러분보다 다섯 배나 많은 연봉을 받고 있습니다. 해리 사원이 여러분보다 머리가 좋아서 그렇게 된 걸까요? 아니면 여러분보다 다섯 배나 더 많은 일을 해서 그렇게 된 걸까요? 그것도 아니면 여러분보다 더 이익이 많이 나는 업무를 맡았기 때문일까요? 아닙니다. 외적인 조건을 비교한다면 여러분과 어떤 차이도 없습니다. 차이가 있다면 내적인 차이입니다. 해리 사원은 여러분보다 항상 다섯 배 정도는 크게 생각합니다. 바로 그 생각의 차이가 해리 사원에게 다섯 배나 큰 성공을 가져다주고 있습니다."

부사장의 말에 일리가 있다고 생각한 데이비드 슈워츠 박사는 사회의 각 분야에서 탁월한 업적을 나타내고 있는 사람들을 연구 조사했다. 그리고 그 결과를 *The Magic Of Thinking Big*이라는 책에 담아냈다. 책의 결론을 요약하면 이렇다.

"사람들은 자신의 성공을 가로막는 대표적인 요소로 학력 · 재산 · 건강 · 나이 같은 물질적인 요인을 들고 있다. 그러나 다 틀렸다. 성공을 가로막는 가장 큰 장애물은 자기 자신이다. 좀더 구체적으로 말하면 크게 성공하려는 생각 자체를 하지 못하는 자기 자신의 마음이다. 성공의 크기는 생각의 크기에 비례한다."

다음 사람들도 데이비드 슈워츠 박사의 주장을 뒷받침하고 있다.

"우리가 어떤 사람이 되는가를 결정하는 것은 우리 자신의 생각이다."
– 존 로크

"작은 생각은 성취를 제한한다. 그대의 가능성을 크게 확장시켜 주는 생각을 해라." – 윌리엄 아서 월드

"위대한 생각을 해라. 인간은 자신의 생각보다 높은 곳으로 절대 오르지 못한다." – 벤저민 디즈레일리

"사업으로 성공한 사람들은 생각으로 성공한 것이다." – 클로드 브리스톨

"전 직원의 99.9%가 무리 속에 묻혀 있는 것은 그들이 크게 생각하지 못하기 때문이다." – 잭 웰치

생각의 크기가 성공의 크기를 결정한다고 말한 세계적인 성공자들의 말을 적는다면 책 열 권으로도 모자랄 것이다. 어떤 사람은 이렇게 반문할지도 모르겠다.

"단지 생각을 크게 하는 것만으로 성공할 수 있다니, 말도 안 되는 군! 성공은 99%의 노력으로 이루어지는 게 상식 아닌가?"

그렇다. 성공은 99%의 노력으로 이루어진다. 하지만 1%의 영감, 즉 큰 생각이 없다면 99%의 노력은 성공으로 이어지지 못할 수도 있다. 에디슨의 예를 보자. 에디슨은 평생 하루 평균 4시간 정도 자고, 18시간 내지 20시간을 일했다. 에디슨은 99%의 노력을 하는 사람이었다. 그런데 만일 에디슨에게 '나는 인류 역사상 그 누구도 발명하지 못한 것들을 발명하겠다'는 1%의 큰 생각이 없었다면 어떻게 되었을까? 그가 99%의 노력을 회사 업무나 장사 같은 평범한 일에 썼다면 오늘날 우리가 알고 있는 에디슨이 존재할 수 있을까? 인간의 노력을 거대한 성공으로 연결시키는 것은 '생각'인 것이다.

극소수를 제외하고는 20대에 이렇다 할 성취를 이루는 사람이 없다. 10대 시절, 20대에 반드시 놀라운 성취를 이루겠다는 각오를 하지 않았기 때문이다. 10대 시절 내내 자신의 생각을 학교 공부라는 단순한 목표에 집중했기 때문이다.

만일 생각의 힘을 10대 시절의 10년 동안 학교 공부를 넘어서 20대에 큰 두각을 드러내는 자신의 모습을 그리는 데 썼다면 20대가 별 볼일 없을 수 있을까? 절대로 아닐 것이다. 이와 같이 20대의 생각의 크기가 30대의 성공의 크기를 결정한다.

같은 미래를 그려도 평범한 샐러리맨, 평범한 결혼 생활 같은 평범한 미래밖에 그릴 줄 모르는 20대와 회사에 혁신과 비전을 가져다주는 비범한 샐러리맨, CEO로 성장하는 샐러리맨, 배우자와 극진한 존경과 사랑을 주고받는 특별한 결혼 생활 같은 위대한 미래를 그리는 20대가 맞이하는 30대는 전혀 다를 수밖에 없다.

같은 공부를 학점과 취직으로밖에 연결시키지 못하는 20대와 학문과 미래 설계로까지 넓힐 줄 아는 20대가 맞이하는 30대는 전혀 다를 수밖에 없다.

같은 직장 생활을 해도 자기가 맡은 업무를 직원 입장에서밖에 생각할 줄 모르는 20대와 생각의 크기를 과장, 부장, 사장, 경쟁사, 고객의 차원으로까지 넓혀갈 줄 아는 20대가 맞이하는 30대 역시 전혀 다를 수밖에 없다.

같은 인간 관계를 맺어도 일대일 차원으로밖에 생각할 줄 모르는 20대와 생각의 크기를 상대방의 가족, 친구, 학교, 회사로까지 넓혀갈 줄 아는 20대가 맞이하는 30대 또한 전혀 다를 수밖에 없다.

그러니 같은 생각을 할 거라면 크게, 오직 크게 생각하라.

♣ 오늘은……

오늘은 사고방식을 변화시키는 10일 플랜을 실천하는 둘째 날이다.

세상에는 'R=VD' 라는 공식이 있다. '생생하게(vivid) 꿈을 꾸면(dream) 이루어진다(realization)' 는 뜻을 담고 있다. 큰 생각이 큰 성공을 가져다준다는 오늘의 메시지를 가장 적절하게 표현한 공식이라고 할 수 있겠다. 이 공식은 역으로도 적용된다. 아무것도 꿈꾸지 않으면 아무것도 이루어지지 않는다는 게 바로 역공식이다.

성공한 30대는 20대에 'R=VD' 공식을 실천한 사람들이다. 내 말이 믿기지 않는다면 주변의 성공한 사람들을 찾아가서 성공 비결을 물어보라. 하나같이 'R=VD' 공식을 사용했거나 응용했음을 알 수 있을 것이다.

나의 변화를 가로막는 가장 큰 적은 바로 나 자신이다. 비범한, 특별한, 도전적인, 적극적인 생각을 할 줄 모르고 평범한, 소극적인, 적당히 살고 싶어하는, 안주하고 싶어하는, 도망치고 싶어하는, 포기하고 싶어하는 생각밖에 할 줄 모르는 나 자신이다.

내가 꿈꾸는 바로 그 존재로 변화하고 싶다면 먼저 내 안의 작은 생각부터 정복해야 한다. 내 안의 작은 생각들을 큰 생각들로 바꾸어야 한다.

지금 당장 미래를 그려보라. 단순한 미래를 그리지 마라. 내가 될 수 있는 최고의 존재, 내가 해낼 수 있는 최고의 일, 내가 맺을 수 있는 최고의 인간 관계를 그려라. 다 그렸다면 상상의 망치를 집어들어라. 그리고 방금 상상한 그림들을 사정없이 부숴버려라. 그것은 그대의 본모습이 아니기 때문이다.

정신을 바짝 차려라. 눈을 크게 뜨고 그대 자신의 가능성을 다시 보아라.

그대는 방금 그대가 그린 것보다 최소한 열 배는 더 나은 인생을 만들 수 있다. 아니 그대가 마음먹기에 따라서 백 배, 천 배, 만 배 나은 인생을 만들 수 있다. 그러니 그대 자신을 과소평가하지 말고 그대가 그릴 수 있는 가장 위대한 미래보다 천 배, 만 배 더 큰 미래를 그려라.

오늘 하루는 그 미래의 모습에 그대 자신을 푹 담가라. 그대 안에 미래를 가두지 마라. 그대가 미래 안에 갇혀라. 생각의 크기가 성공의 크기를 결정한다.

♣ 생각해 보자

개발도상국의 이미지는 20대의 이미지와 흡사하다. 뭔가를 이루기 위해 분주히 뛰어다니지만 인정받지는 못하는. 언제나 불안하고, 언제나 막막하고, 언제나 부족한.

삼성전자는 그런 개발도상국 중 하나인 한국에서 17조 원에 달하는 부채를 안고 허덕이던 기업이었다. 싸구려 제품밖에 생산할 줄 모르는 기업, 가능성이라고는 하나도 보이지 않는 기업, 희망이 없는 기업……. 지금으로부터 정확히 10년 전의 삼성전자의 모습이다. 그러나 지금은 어떤가? 필립스, 모토롤라, 소니 같은 세계적인 기업들을 뛰어넘어 세계 최고의 기업으로 평가받고 있다.

세계 최고의 경영 연구소라 불리는 매킨지 경영 연구소는 삼성전자의 자기 변화 비결을 다음과 같이 분석했다.

"삼성전자는 다른 기업에 비해 하등 뛰어날 것이 없다. 인적 구성과 사업 내용에서도 특별한 구석을 발견할 수 없다. 게다가 목표치는 과도하게 설정되어 있다. 사업마다 객관적으로 달성 불가능한 목표를 제시하고 있다. ……다만 특이한 점은 결국에는 이 목표를 이뤄낸다는 점이다. 객관적으로 불가능한 일을 해낸다. 이게 삼성의 미스터리다."

매킨지 경영 연구소는 '객관적으로 달성 불가능한 목표(이 책의 표현대로 말하자면, 자신이 할 수 있는 가장 큰 생각을 뛰어넘는 생각)'가 삼성전자의 자기 변화 비결이라고 못박았다.

10년 전의 삼성전자와 비슷한 삶을 살아가고 있는 20대가 삼성전자의 자기 변화 비결을 삶에 적용한다면, 그 사람의 30대는 어떤 모습으로 펼쳐질까?

꿈으로 현실을 압도하는 존재가 되어라

성서에 '꿈(Vision)'에 대해 언급한 유명한 구절이 있다. "꿈이 없는 민족은 망한다"라는 구절이다.

우리 민족은 한때 꿈이 없어서 망한 적이 있다. 구한말의 일이다. 하지만 다시 꿈을 찾았고 이후 우리 민족은 세계에서 가장 빨리 근대화를 이룩했다.

개인 역시 마찬가지다. 꿈이 없는 사람은 망할 수밖에 없다. 미래에 대한 비전이 없으니 매사에 적당주의로 살아가게 되고, 결국 경쟁력을 상실해 도태되는 운명에 처하게 된다.

20대는 크게 두 부류로 나뉜다. 꿈을 믿는 20대와 현실을 믿는 20대.

꿈을 믿는 20대는 불만족스러운 현실을 용납하지 않는다. 그들에게 현실은 거짓이다. 꿈이 진실이다. 그들은 가슴속에 시퍼렇게 살아있는 꿈의 영상을 현실로 만들기 위해 20대를 치열하게 살아간다.

그들은 모두가 안 된다고 뜯어말려도 꿈 하나만을 믿고서 마치 미친 사람처럼 자신의 길을 간다. 그들은 꿈을 추구하는 자신의 노력이 운명을 변화시켜 줄 거라고 믿는다.

현실을 믿는 20대는 꿈은 꿈일 뿐이라고 생각한다. 적당히 눈치껏 살지 뭐 하러 힘들게 꿈을 추구하면서 사느냐고 한다. 그들은 공부도 적당히, 일도 적당히, 사랑도 적당히 하면서 20대를 편하게 보낸다. 그들의 삶에 열정이나 도전은 없다. 현실순응적인 태도만 있을 뿐이다. 그들은 요행이 운명을 변화시켜 줄 거라고 믿는다.

꿈을 추구하는 20대나 그렇지 않은 20대나, 20대에는 별 차이가 없다. 오히려 현실에 순응하는 20대가 사람들에게 칭찬받고 매사에 잘 풀리는 삶을 살아간다. 하지만 30대에 들어서면서부터 달라지기 시작한다. 아니 모든 것이 뒤바뀌기 시작한다.

20대 내내 미친 사람처럼 꿈을 추구했던 사람들은 30대부터 자기 분야에서 두각을 드러내기 시작한다. 그들은 조직의 주목을 받는 인물이 되고, 청년 CEO가 되고, 세상을 열광시키는 배우, 감독, 작가가 된다. 이제 세상은 그들을 중심으로 돌아가기 시작한다.

꿈의 위력을 실제로 경험한 그들은 30대를 더욱 치열하게 살아간다. 그리고 40대에 더 큰 성공을 거둔다. 그때쯤이면 그들의 이름은 하나의 브랜드가 된다. 그들은 자신의 브랜드를 유지하고 성장시키기 위해 더욱 열정적으로 살아가게 된다. 꿈을 추구하는 20대는 20대에 이미 성공의 선순환을 손에 움켜쥔 것이나 마찬가지다.

반면 현실순응적인 태도로 일관했던 사람들은 점점 퇴보하기 시작한다. 물론 그들 역시 진급을 하기도 하고 작은 성공을 거두기도 한다. 하지만 일회성에 불과하다. 직급이 올라갈수록 진급의 문은 바늘귀처럼 작아지고 요행이 가져다주는 성공은 삶에서 두 번 이상 만나기 힘들기 때문이다.

그들은 30대 중반에 들어서야 자신이 잘못 살아왔다는 것을 깨닫고는 자기 변화를 이루기 위해 발버둥을 치지만 무대는 이미 절반은 치워졌다. 삶이 온전히 내 것이었던 20대와는 달리 30대에는 삶의 절반이 결혼 생활과 그로 인해 태어난 아이들의 교육에 쓰여지기 때문이다. 자기 변화를 시도하고 싶어도 시간이 없다. 또 20대에 자기를 훈련시켜 본 경험이 없기 때문에 자기를 어떻게 변화시켜야 하는지도 모른다.

그러는 사이에 30대는 쏜살같이 지나가고 40대를 맞는다. 리더로 성장한 40대가 아니라 퇴물로 전락해 버린 40대를. 20대에 꿈 대신 현실을 선택한 사람은 이미 실패의 악순환에 들어선 것이나 마찬가지다.

주위를 둘러보면 세상과 거의 절연하고 자기 세계에 빠져 살아가는 20대가 한 명쯤은 있을 것이다. 인터넷 게임 같은 소비성 문화가 아니라 문학, 예술, 사업 같은 창조적인 문화에 푹 빠져 살아가는. 단순한 마니아 수준이 아니라 목숨을 걸었다는 표현이 어울릴 정도로 그것 하나밖에 모르는.

바로 그 사람을 주목하라. 그리고 그 사람처럼 살아가라. 아니 그 사람보다 더 무섭게 꿈을 추구하는 사람이 되어라. 20대에 꿈을 선택하는 것은 낭만적인 도전이 아니다. 그것은 차라리 생존을 위한 결단이다.

20대에 꿈을 추구하지 않으면 살아남기 위해 발버둥치는 30대를 맞이하게 된다. 발전은 고사하고 생존 자체도 불투명한 운명을 맞게 된다. 하지만 꿈에 미쳐 살아가면 그 반대의 운명을 맞이하게 된다.

♣ 오늘은······

오늘은 현실을 버리고 꿈을 선택하는 날이다.

그대는 여지껏 현실순응적인 태도로 살아왔을 것이다. 꿈을 실제로 추구하기보다는, 꿈을 추구하고 싶어하는 삶을 살아왔을 것이다. 아니 어쩌면 그대는 꿈이 없을지도 모른다.

그러나 이제 그렇게 살아서는 안 된다. 오늘부터 그대는 꿈 자체인 사람으로 변화해야 한다.

꿈이 없는 20대, 꿈에 미쳐서 살아가지 못하는 20대는 20대가 아니다. 그는 노인이다. 지금 당장 거울을 들여다보기 바란다. 거울 안에 누가 있는가? 외모와 정신 모두 20대인 사람이 있는가, 아니면 외모만 20대인 사람이 있는가? 만일 후자라면 그대는 세상에서 가장 비참한 운명에 놓인 사람이다. 그대는 젊음을 낭비한 대가를 톡톡히 치르게 될 것이다.

오늘은 온종일 그대가 이루고 싶은 꿈에 대해 생각하라. 잠들기 전에 꿈을 세워라. 평생의 노력을 다 바쳐도 실현 불가능할 것 같은 거대한 꿈을. 그리고 그것이 진정한 현실이라고 인정하라. 그대의 육체의 눈에 보이는 현실은 거짓이라고 판결하라. 그리고 맹세하라. 꿈에 미쳐 살아가겠다고. 앞으로는 숨을 내쉬는 대신 꿈을 내쉬고, 밥을 먹는 대신 꿈을 먹겠다고. 가슴에서는 심장 대신 꿈이 뛰게 하고, 혈관에서는 피 대신 꿈이 흐르게 하겠다고.

현실순응적인 삶은 언제라도 살 수 있다. 50대에도 살 수 있고 80대에도 살 수 있다. 하지만 꿈에 미쳐서 살아가는 삶은 20대가 아니면 안 된다. 20대의 무모한 열정과 패기가 아니면 안 된다.

그대는 삶이 아니라 꿈을 살아가는 사람이 되어야 한다.

♣ 생각해 보자

가린샤는 소아마비 장애인이다. 오른쪽 다리와 왼쪽 다리가 무려 6cm나 차이난다. 게다가 오른쪽 다리는 바깥쪽으로 휘어져 있고, 왼쪽 다리는 안쪽으로 굽어 있다. 보호 장비 없이는 제대로 걷기도 힘든 몸이다.

어느 날 가린샤는 축구 경기를 관람했다. 집으로 돌아온 가린샤는 심장을 떼어냈다. 대신 축구공을 달았다. 그날 가린샤는 이렇게 선언했다.

"나는 축구 선수가 될 것이다. 그게 내 꿈이다. 나는 내 꿈을 방해하는 무엇도 용납하지 않겠다."

가족의 반대도, 의사의 충고도, 축구부의 무시도, 자기 내부의 의심도 가린샤의 꿈을 막을 수는 없었다. 현실의 가린샤는 소아마비 장애인이었지만, 그는 그것을 부정했다. 대신 꿈을 인정했다. 가린샤가 꾸는 꿈속의 자신은 위대한 축구 선수였다.

가린샤는 현실을 변화시키기 위해서 비현실적인 방법을 선택했다. 그것은 꿈에 미쳐 사는 일이었다. 그러자 소아마비라는 현실이 가린샤가 추구한 꿈의 무게를 견디지 못하고 무너져버렸다.

"월드컵 3회 참가(1962년 월드컵 막판 역전 결승골 성공), 11년간 브라질 국가 대표 축구 선수로 활약."

꿈으로 현실을 압도한 가린샤의 성적표다.

시골 마을에서 손바닥만 한 음식점을 꾸리고 살던 커널 샌더스는 65세에 파산하고 알거지가 되었다. 하지만 그는 외모만 60대였지, 정신은 20대인 사람이었다. 그는 알거지가 된 상황에서 세계적인 사업체를 가진 거부가 되겠다는 꿈을 세웠다. 그리고 꿈을 향해 돌진했다.

잠은 트럭에서 자고 세면은 공중 화장실에서 하는 생활을 무려 3년간 계속하면서 미국 전역을 돌았다. 하지만 가는 곳마다 문전박대를 당했다. 그는 무려 1,101곳의 회사에서 당신의 계획은 실현 불가능하다, 라는 소리를 들었다.

하지만 그는 굴하지 않았다. 그는 자신의 꿈이 잘못되었다고 생각하지 않았다. 자신의 꿈을 이해하지 못하는 1,101곳의 회사가 잘못되었다고 생각했다. 마침내 1,102번째 회사에서 그의 아이디어를 받아들였다. 68세 되던 해의 일이다.

커널 샌더스는 오래 전에 세상을 떠났다. 하지만 오늘날 세계인은 그의 꿈을 먹고 있다. 그는 켄터키 프라이드 치킨, KFC를 만든 사람이다.

꿈에 미쳐 산다는 것은 바로 이런 삶을 두고 하는 말이다.

제4일 좋은 점만 보아라

월마트의 창업자 샘 월턴과 사장 돈 소더퀴스트가 어느 날 초라하기 이를 데 없는 한 가게에 들어가게 되었다. 진열대 통로에 물건들이 어지럽게 쌓여 있고 상품 판매대 위에 먼지가 수북이 앉아 있는 가게였다. 당연히 손님은 하나도 없었다.

돈 소더퀴스트는 채 열 발자국도 내딛지 못하고 가게 밖으로 뛰쳐나갔다. 마치 전염병 구역을 탈출하는 사람처럼 손바닥으로 코와 입을 틀어막고서. 잠시 후 샘 월턴이 나왔다. 그러자 돈 소더퀴스트가 기다렸다는 듯이 샘 월턴을 붙들고서 이렇게 소리쳤다.

"세상에, 내 평생 이렇게 더러운 가게는 처음입니다!"

대답 대신 샘 월턴은 물었다.

"돈, 자네 혹시 팬티스타킹 판매대를 보았나?"

돈 소더퀴스트가 못 보았다고 대답하자 샘이 진지한 얼굴로 이렇게 말했다.

"이봐, 돈. 그 판매대는 내가 지금까지 본 팬티스타킹 판매대 중 가장 훌륭한 것이었네. 판매대 뒤에 제작자 연락처가 적혀 있더군. 내가 그 사람 연락처를 적어왔네. 우리 당장 회사로 돌아가 그에게 연락하세. 나는 고객들을 위해 그 판매대를 꼭 들여놓고 싶네."

이어서 샘 월턴이 또 물었다.

"아, 그리고 자네. 화장품 판매대는 보았나?"

돈 소더퀴스트가 역시 못 보았다고 대답하자 샘 월턴이 한층 더 진지한 얼굴로 이렇게 말했다.

"돈, 우리 월마트 매장의 화장품 판매대는 1.2미터밖에 안 되는데 이곳은 3.7미터였다네. 우리가 잘못하고 있는 거야. 내가 제품 유통 업자 이름을 적어왔으니, 어서 연락하세. 우리는 시급히 화장품 판매대를 넓혀야 하네."

돈 소더퀴스트는 이 사건이 있고 난 후 성공의 가장 큰 비밀을 깨닫게 되었다. 그것은 어디를 가든, 무엇을 보든, 누구를 만나든 '무한히 좋은 점만 보는' 습관이었다.

돈 소더퀴스트는 이 사건을 겪기 전에는 샘 월턴의 성공을 이해하지 못했다. 모든 면에서 자신을 능가하는 점이라고는 하나도 없는 것 같은데 그가 자신을 고용하는 위치에 있다는 사실을 이해할 수 없었던 것이다. 그는 샘 월턴을 행운아라고 생각했다. 월마트가 때를 잘 만나서 세계적인 기업으로 성장했다고 믿었다.

하지만 이 사건이 있은 뒤로 자신의 생각을 바꾸었다. 시골 잡화점으로 시작한 월마트가 세계적인 기업으로 성장한 데에는 창시자 샘월턴의 인간의 수준을 초월한 긍정적인 사고방식, 즉 '무한히 좋은점만 보는 습관'이 있었기에 가능했다는 사실과 '무한히 좋은 점만보는 습관'을 가진 샘 월턴이 '선택적으로 좋은 점을 보는 습관'을가진 자신을 고용하는 위치에 올라서게 된 것은 당연한 일이라고 인정하게 된 것이다.

우리나라에서 태어나고 자란 20대는 '좋은 점만 보는 습관'을 몸에 붙이기가 어렵다. 초등학교 때부터 고등학교 때까지 학교라는 좁은 공간에 갇혀 친구들과의 무한경쟁을 강요받기 때문이다. 하지만그게 20대를 부정적인 사고방식으로 살아가도 된다는 당위가 될 수는 없다. 20대라면 새로운 사고방식을 가져야 한다.

인간이 변화를 선택하면 그를 둘러싼 세계 역시 변화를 선택한다.어떤 일이 생기든, 무엇을 접하든, 누구를 만나든 무한히 긍정적으로생각하는 습관을 몸에 익히겠다고 선택하라. 10대에 경쟁을 강요받으면서 무의식적으로 선택한, 세상을 부정적으로 보는 습관이 앞으로는 내 의식 안에 발도 못 붙이게 하겠다고 선언하라. 그리고 실제로 그렇게 살아라. 그대의 온 힘을 다해 그대의 선택을 실천하라. 그대를 둘러싼 세계가 변화할 것이다.

♣ 오늘은……

오늘은 '무한히 좋은 점만 보는 습관'을 실천하는 날이다. 하지만 생각처럼 잘 되지는 않을 것이다. 바로 어제까지 짜증만 났던 공부 또는 직장일이, 얼굴만 봐도 신경질이 났던 누군가가 일순간에 좋아질 수는 없는 것 아닌가. 노력도 필요하겠지만 그것만으로는 부족하다. 기술이 필요하다.

'무한히 좋은 점만 보는 습관'을 조금 빨리 익히도록 도와주는 기술이 있다. 질문의 기술이다. 짜증나는 일을 겪게 될 때마다 마음을 진정시키고 자신에게 이렇게 질문하라.

"이 일에서 배울 점을 찾는다면 무엇일까?"

배울 점이 하나도 생각나지 않고 오히려 기분이 더 나빠질 것 같으면 다시 한 번 심호흡을 하고 이렇게 질문하라.

"그래도 좋은 점을 찾는다면 무엇이 있을까?"

이번에도 역시 아무런 좋은 점을 찾을 수 없다면 마음속으로 다음과 같이 외치고 다시 질문하라.

"나는 '무한히 좋은 점만 보는 습관'을 익히고 싶다. 나는 이 습관을 익히는 데 방해가 되는 어떤 장애물도 인정하지 않을 것이다. 그것이 설령 내 자신이라 할지라도. 나는 나를 뛰어넘고 싶다. 이 일에서 좋은 점을 열 가지만 찾는다면 그것은 무엇일까?"

보기 싫은 사람 역시 마찬가지다. 인상을 찌푸리기 전에 자신에게 이런 질문을 던져라.

"내가 이 사람에게서 칭찬할 점을 찾는다면 그것은 무엇일까?"

아무런 칭찬거리도 발견할 수 없다면 다시 한 번 이렇게 물어라.

"그래도 칭찬할 점을 찾는다면 무엇이 있을까?"

이번에도 역시 아무런 칭찬거리도 찾을 수 없다면 마음속으로 다음과 같이 외치고 다시 질문하라.

"나는 '무한히 좋은 점만 보는 습관'을 익히고 싶다. 나는 이 습관을 익히는 데 방해가 되는 어떤 장애물도 인정하지 않을 것이다. 그것이 설령 내 자신이라 할지라도. 나는 나를 뛰어넘고 싶다. 이 사람에게서 칭찬할 점을 열 가지만 찾는다면 그것은 무엇일까?"

모든 것, 모든 사람의 좋은 점만 보아라. 그것도 무한히 그렇게 해라. 힘들 땐 질문의 기술을 사용해라. 그렇게 그대 자신을 '무한히 좋은 것만 보는 사람'으로 변화시켜라. 그러면 그대를 둘러싼 세계가 무한히 좋은 세계로 변화할 것이다.

오늘은 노트를 들고 조용한 곳으로 가라. 거기서 다음 세 가지를 떠올려라.

첫째, 내가 가장 받아들이기 힘든 환경.

둘째, 내가 세상에서 가장 싫어하는 사람.

셋째, 나를 가장 힘들게 하는 일.

노트 상단에 위의 세 가지를 차례로 적어라. 그리고 무한히 긍정적인 시각으로 위의 세 가지를 바라보라. 그러면 좋은 점이나 감사할 점, 배울 점이 최소한 열 가지 이상은 떠오를 것이다. 그것을 적어라. 그리고 소리내어 읽어라. 그대의 진심을 담아서 경건하게 읽어라. 무한히 좋은 점만 보는 습관이 자연스럽게 생겨날 것이다.

♣ 생각해 보자

두 사람이 감옥에 갇혔다. 한 사람은 매일 노래를 부르면서 시를 썼다. 다른 한 사람은 매일 자신의 운명을 한탄하면서 벽을 주먹으로 쳤다. 많은 세월이 흘렀고 두 사람은 석방되었다.

몇 년 후 두 사람은 우연히 거리에서 마주치게 되었다. 한 사람은 유명한 시인 겸 가수가 되어 있었고, 다른 한 사람은 한 손을 못 쓰는 노숙자 신세였다.

노숙자로 전락한 사람이 물었다.

"당신은 내 옆방에 갇혀 있었지요. 나는 매일 당신의 노랫소리와 시 읊는 소리를 들었습니다. 그 고통스러운 공간에서 어떻게 그렇게 늘 활기차게 살 수 있었습니까?"

시인 겸 가수가 된 사람이 대답했다.

"당신이 감옥의 쇠창살을 보고 절망하는 동안 나는 내 가슴속의 별을 보고 희망을 품었기 때문입니다."

제5일 말을 바꿔라

유대인의 『탈무드』는 세상에서 가장 지혜로운 책 중의 하나로 불린다. 『탈무드』는 이렇게 말하고 있다.

"혀가 가장 중요하다. 혀가 모든 것을 결정한다."

『탈무드』는 혀를 단순한 신체기관으로 생각하지 않는다. 인생이라는 배의 방향을 결정하는 키로 본다. 인간의 모든 길흉화복을 불러들이는 4차원적인 무엇으로 생각한다. 『탈무드』의 혀에 대한 관점은 의학계와 물리학계 양쪽에서 증명되었다.

뇌 의학에 따르면, 대뇌의 98%는 다름 아닌 '말'의 영향을 받는 것으로 드러났다.

양자역학에 따르면, 지구라는 공간을 가득 채운 물질의 최소 단위인 양자(원자보다 수십만 수백만 배나 작다고 한다)는 언제든지 물질로 변할 준비를 갖추고 있는데, 양자는 인간의 몸에서 나오는 생각 에너지와 말 에너지에 반응한다고 한다.

"말이 씨가 된다"거나 "어떤 말을 만 번 이상 되풀이하면 그대로 이루어진다"는 속담이 뇌 의학과 양자역학으로 충분히 입증 가능한 '사실'이라는 점이 현대에 들어서야 겨우 밝혀진 것이다.

말에는 두 종류가 있다. 성공을 불러들이는 말과 실패를 불러들이는 말.

성공을 불러들이는 말은 예를 들면 다음과 같은 것들이다.

"나는 할 수 있다."

"나는 내 꿈을 이루어가고 있다."

"나는 반드시 성공한다."

"나는 나를 극복할 수 있다."

실패를 불러들이는 말은 예를 들면 다음과 같은 것들이다.

"내가 과연 잘 해낼 수 있을까?"

"이러다가 실패하면 어떡하지?"

"힘들어."

"짜증나."

"죽겠어."

성공을 부르는 말과 실패를 부르는 말의 효과를 증명한 연구자가 있다. 나폴레온 힐과 데일 카네기다. 나폴레온 힐은 25년에 걸쳐 사회 각계의 성공한 사람 2만 5천 명의 언어 습관을 조사했고, 데일 카네기는 평생에 걸쳐서 조사했다. 두 사람은 다음과 같이 결론지었다.

"성공하는 사람들은 긍정적인 언어 습관을 갖고 있고 실패하는 사람들은 부정적인 언어 습관을 갖고 있다."

자신을 변화시키고 싶다면 무엇보다 먼저 말을 변화시켜야 한다.

그대의 20대가 10대 시절 원했던 바로 그 삶이 아니라면 운명이나 환경을 탓하기에 앞서 그대의 혀를 탓해야 한다. 내가 원하는 삶을 살고 싶다면 다른 무엇보다 먼저 입술로 그 삶을 창조해야 한다.

그대의 언어 습관을 한번 돌아보라. "더는 못해", "나는 할 수 없어", "너무 힘들어" 같은 부정적인 말을 무의식적으로 습관처럼 사용해서 나 자신의 한계와 실패를 만들어오지는 않았는지. "이런 사람이 되었으면 좋겠어", "나도 그것을 할 수 있었으면 좋으련만" 같은 단순 소망성 발언으로 나 자신을 언제나 바라기만 하는 사람으로 만들어오지는 않았는지.

자기를 변화시키고 싶다면 먼저 혀를 변화시켜야 한다. 빛나는 말, 성공을 불러들이는 말만 하는 혀로.

그대의 꿈을 떠올려보라. 그대가 완벽하게 해내고 싶어하는 일을 그려보라. 그리고 손가락으로 가슴을 툭툭 치면서 이렇게 말해 보라.

"넌 할 수 있어!"

아침에 일어나자마자 이렇게 말하고, 깨어 있는 동안 수시로 이렇게 말하고, 잠들기 전에 다시 한 번 조용히 진심을 담아서 이렇게 말해 보라.

공부를 하다가 또는 일을 하다가 한계에 다다랐다고 생각되어도 "아, 더는 무리야"라고 말하지 마라. 대신 이렇게 말해라. "진정한 실력은 지금 이 순간부터 길러진다! 나는 나를 변화시키고 싶다!" 그리고 다시 눈을 부릅뜨고 책장을 넘기고 업무를 진행해라. 그대는 그대가 생각하는 것보다 몇 배는 더 큰 인내력과 근성을 가진 존재다.

10대 시절에 철모르고 썼던 부정적인 언어 습관과 영원히 작별해라.

그대의 혀 위에 오직 황금의 언어만 올려놓아라.

그대의 인생은 그대의 말이 만든다.

♣ 오늘은……

오늘은 나의 입술을 황금의 입술로 변화시키는 날이다. 지금 이 순간부터는 성공을 부르는 말만 써라. 그것도 놀라운 성공을 부르는.

왼쪽 가슴에 손을 얹어라. 심장의 고동소리가 들리는가? 심장에게 다음과 같이 말해 주어라. 눈을 감고 말하면 더욱 좋다.

"너는 네가 이루고자 하는 모든 일을 이루게 될 것이다."

"너는 네가 사랑받고자 하는 모든 사람에게 사랑받게 될 것이다."

"너는 네가 간절히 꿈꾸었던 바로 그 사람을 만나게 될 것이다."

"너는 모두에게 존경받는 사람이 될 것이다."

"너는 네 인생에 놓인 모든 장애물을 가뿐하게 뛰어넘게 될 것이다."

"너는 무엇보다 행복한 사람이 될 것이다."

말은 했지만 잘 믿기지 않는가? 그렇다면 이 장을 다시 읽어라. 그리고 다시 말해라. 왼쪽 가슴에 손을 얹고, 온 마음을 담아서. 그대의 미래는 그대의 말이 만든다.

성공을 부르는 말은 하면 할수록 좋다. 나는 권하고 싶다. 앞으로 100일간 하루 100번 이상 의도적으로 성공을 부르는 말을 하라고. 그대의 입술에 성공을 부르는 말을 하는 습관을 붙여주기 때문이다.

그대의 간절한 소망을 글로 써서 코팅해서 갖고 다니면서 수시로 소리내어 읽으면 더욱 좋다.

하버드 대학교 심리학 연구소는 어느 사회에서나 65세 이상의 정년 퇴직자들이 3 : 10 : 60 : 27이라는 비율로 경제 피라미드를 구성하고 있는 것을 발견했다. 3%는 최고의 부를 누리고 있었다. 10%는 퇴직 전과 별 차이 없는 경제력을 갖고 있었다. 60%는 간신히 생활을 유지해 나가고 있었고, 27%는 자선단체의 도움으로 살아가고 있었다.

그들 사이에는 다음과 같은 차이가 있었다. 3%는 젊었을 때부터 자신의 목표를 글로 적어놓고 수시로 꺼내 읽는 습관을 가진 사람들이었다. 10%는 목표는 있었으되 글로 적고 수시로 꺼내 읽는 습관은 갖지 않은 사람들이었다. 60%는 목표가 수시로 바뀐 사람들이었고, 27%는 목표 자체가 없는 사람들이었다.

비슷한 조사 결과가 예일 대학교에서도 있었다. 예일 대학교는 1953년도에 졸업생들을 대상으로 다음과 같은 질문을 던졌다. "지금 당신은 인생 목표를 구체적으로 적어놓은 종이를 갖고 있습니까?"

3%의 학생이 "그렇다"고 대답했고 97%의 학생이 "아니다"라고 대답했다. 예일 대학교는 20년 뒤인 1973년도에 1953년도 졸업생들의 경제력을 조사했다. 그 결과 3%가 나머지 97%의 재산을 합친 것보다 더 많은 재산을 모은 것으로 나타났다.

♣ 생각해 보자

사이토 히토리는 일본에서 가장 많은 세금을 납부하는 사람이다. 그는 자신이 번 돈을 기꺼이 다른 사람과 나누는 행복한 부자다.

"어떻게 하면 당신처럼 큰부자가 될 수 있습니까? 그리고 어떻게 하면 당신처럼 행복한 사람이 될 수 있습니까?"라는 질문을 받을 때마다 사이토 히토리는 반드시 이렇게 대답한다고 한다.

"나는 행복하다, 나는 풍족하다, 나는 할 수 있다는 말을 하루에 천 번씩 하세요. 그러면 성공 파장이 생깁니다. 그 파장이 당신을 부자인 동시에 행복한 사람으로 만들어줄 것입니다."

사이토 히토리 밑에는 10여 명의 제자가 있다. 이 사람들은 사이토 히토리를 만나기 전에는 문제 많고 가난한 삶을 살았다. 그러나 사이토 히토리가 가르쳐준 대로 따라 한 결과 전부 행복한 부자가 되었다고 한다.

철강왕이자 위대한 자선 사업가였던 앤드루 카네기도 사이토 히토리와 비슷한 말을 했다. 그는 생전에 이런 말을 버릇처럼 했다.

"부자가 되고 싶으면 자신이 벌고 싶은 액수를 종이에 적어놓고 하루 두 번씩 잠에서 깨어나자마자, 그리고 잠들기 전에 큰 소리로 읽어라. 그러면 된다."

셀 수 없이 많은 사람들이 카네기의 말을 들었다. 그러나 대부분 한 귀로 흘려버렸다. 하지만 이 말을 진지하게 귀담아듣고 실천했던 20명 정도는 후일 전부 억만장자가 되었다고 한다.

❷

10년간 혹독한 무명생활을 한 배우가 있었다. 그의 인생은 모든 면에서 비참한 실패의 연속이었다. 방송일은 방송일대로 안 풀렸고, 손대는 사업마다 망하기를 거듭했다. 나중에는 담배 한 갑 살 돈조차 없는 처지가 되었다.

더는 이렇게 실패자로 살 수 없다고 생각한 그는 친구의 소개로 알게 된 암자로 찾아갔다. 그리고 거기서 5개월 동안 "나는 할 수 있다!"라는 말만 하고 살았다. 심지어는 영하 14도의 날씨에도 알몸으로 나가서 "나는 할 수 있다!"라고 외쳤다.

성공을 부르는 말은 성공을 가져다주는 법이다. 그는 암자를 나오자마자 드라마 배역을 따내게 되었다. 그리고 몇 년 뒤에는 자신이 그렇게도 간절히 바랐던 스타가 되었다. 드라마 〈허준〉의 주인공, 배우 전광렬의 이야기다.

제6일 실패란 없다

내가 아는 후배 중에 작가를 지망한 친구가 있다. 내가 공식 데뷔 작을 펴냈을 때 그 친구는 이렇게 말했다. "출판사에 아는 사람이 있나 보죠?" 물론 나는 출판계에 아는 사람이 전혀 없었다. 하지만 그는 내 말을 믿지 않았다. 내가 두번째 책을 출판하자 이번에는 "형이 교사라서 그런 거예요. 교육 외에 다른 분야를 쓰면 아마 형 책을 출판하겠다는 출판사는 한 군데도 없을걸요!"라고 비아냥거렸다. 물론 나는 그 뒤로 교육 이외의 분야에서 두 권의 책을 더 출판했다. 그 뒤부터 후배는 나를 대하는 태도를 바꾸었다.

나는 후배가 나를 믿지 않을 때 비난하지 않았다. 그가 나의 성취로 인해 상처받았다는 것을 알고 있었기 때문이다. 그는 초등학교 때부터 작가가 되기를 꿈꾸었다. 각종 글짓기 대회에서 우수한 성적을 거두었고, 대학은 물론 문예창작과를 갔다. 그러나 스물아홉 살인 지금은 공무원 시험을 준비하고 있다.

객관적인 조건으로 볼 때 작가가 될 수 있는 확률은 나보다 후배가 월등히 높다. 그는 초등학교 때부터 글쓰기에 재능을 드러냈고 대학에서 전문적인 교육을 받았다. 그리고 나보다 더 많은 세월을 글쓰는 데 보냈다. 그런데 왜 작가가 못 되었을까? 참고로 그는 앞으로도 글쓰기 분야에는 얼씬도 하지 않겠다고 한다. 한편으로 고등학교 때까지 글쓰기에 재능은커녕 국어 점수조차 특별히 뛰어나지 못했던 나는 어떻게 작가가 될 수 있었을까?

대답은 간단하다. 그는 포기한 반면 나는 포기하지 않았기 때문이다. 그는 고등학교 때부터, 나는 대학교 때부터 출판사에 투고하기 시작했고, 약속이나 한 듯 우리는 출판사들의 거절을 받기 시작했다. 대략 9년째에 접어들 무렵 그는 더는 못하겠다며 포기했다. 나도 9년째에 그처럼 지쳐 있었다. 현실적으로 보았을 때 내가 작가가 될 확률은 0%도 되지 않았기 때문이다. 하지만 나는 툴툴 털고 일어나 웃으면서 글을 썼다. "내가 꿈을 배반하지 않으면 꿈도 나를 배반하지 않아. 나는 꿈을 믿어"라고 말하면서. 그리고 운명을 향해 이렇게 말하면서. "이봐, 나는 너보다 더 징그러운 사람이야. 나는 절대로 포기하지 않으니까 네가 포기해."

후배는 지금 공황 상태에 빠져 있다. 공무원이 되는 것도 작가가 되는 것 못지않게 어렵다는 것을 깨달았기 때문이다. 그는 지금 공무원 시험마저 포기하려 하고 있다. 그렇다고 다시 작가 지망생의 길을 걸을 수도 없다. 한창 글 실력이 늘어날 즈음에 포기해 버려서 그것을 다시 만회하려면 앞으로 최소한 4~5년은 걸린다는 것, 그리고 그렇게 실력을 회복한다 하더라도 책을 출판할 수 있을지는 미지수라는 것을 잘 알고 있기 때문이다. 요즘 그는 차라리 시골에 내려가 영농사업에 종사해 보고 싶다는 충동을 느낀다고 한다.

우리는 20대가 되어서야 비로소 세상과 맞닥뜨린다. 그리고 하는 일마다 실패의 쓴맛을 뼈저리게 맛본다. 물론 기껏해야 대학 하나 다니는 걸 대단한 것으로 생각하고 주중에는 공부나 하다가 주말에는 친구들과 어울려 다니는 게 삶의 전부인 20대는 실패가 무엇인지도 모르고 살아갈 것이다. 하지만 10대의 사고방식을 일찌감치 탈피하고 30대를 준비하는 깨어 있는 20대의 삶은 차라리 실패의 세월이라고 표현하는 게 어울릴 것이다. 그는 사회에 도전하기 때문이다.

사회가 20대에게 안겨주는 실패 속에 들어 있는 메시지는 간단하다. "넌 안 돼. 그만 포기해. 나한테 순응해서 살아." 하지만 순응의 결과란 뻔하다. 나의 판단보다는 남의 지시를 따라 살아가는 삶, 자기 인생을 송두리째 시스템에 저당잡힌 삶, 경제적 약자로 살아가는 삶이다. 많은 20대들이 이런 삶에 경악한다. 그리고 20대 내내 그런 삶으로 가는 운명에서 벗어나기 위해 발버둥을 친다. 하지만 대부분 자기가 그토록 싫어했던, 마지못해 삶을 살아가는 30대로 전락하고 만다. 포기하기 때문이다. 실패를 실패로 인정하기 때문이다.

자기를 변화시킨다는 것은 자기를 이긴다는 것이다. 이는 세상에서 가장 어려운 일이다. 그렇기 때문에 당연히 실패가 따른다. 아니 차라리 매일 실패한다고 해도 과언이 아니다. 그래서 대부분의 사람들은 도중에 그만두고 만다. 넘어졌다가 다시 일어나는 일을 하루 이틀도 아니고 10년, 20년씩 누가 계속하고 싶어하겠는가. 사람들이 포기하는 것은 상식적으로 당연한 일이다. 그러나 상식적인 행동은 상식적인 결과밖에는 만들어내지 못한다. 참고로 말하자면 상식적인 포기가 만들어내는 상식적인 결과란 사회와 회사와 돈의 노예로 살아가는 삶이다.

자기를 변화시킨다는 것은 남과 다른 삶을 산다는 것이다. 남들이 힘들어할 때 힘을 내겠다는 것이요, 남들이 뒤로 물러날 때 앞으로 나가겠다는 것이다. 남들이 손을 내저으며 주저앉을 때 있는 힘껏 땅을 박차고 뛰어오르겠다는 것이다. 이런 삶을 살기 위해서는 무엇보다 '실패란 없다' 는 사고방식을 갖는 것이 필요하다. 왜냐하면 어떤 실패도 우리가 그것을 실패로 받아들이지 않는 한 실패가 아니기 때문이다. 그것은 오히려 '귀중한 배움' 이 되기 때문이다. 그러니 지금 당장 그대 마음속의 사전에서 '실패' 라는 단어를 지워버려라. 그리고 그 자리에 '성공으로 이르는 과정' 이라는 말을 집어넣어라. 실패란 없다.

♣ 오늘은……

오늘은 머릿속에서 '포기' 라는 낱말을 완벽하게 지워버리는 날이다. 이제껏 살아오면서 많은 포기를 했을 것이다. 어려운 과목에 도전했다가 포기한 적도 있을 것이고, 나를 괴롭히는 친구에게 저항하려다가 포기한 적도 있을 것이다. 용돈을 모아 목돈을 만들려고 하다가 포기한 적도 있을 것이고, 좋아하는 이성에게 마음을 전하려다가 포기한 적도 있을 것이다. 그대에게 묻고 싶다.

"그렇게 포기해서 좋은 결과가 있었는가?"

포기하는 습관은 사람에게 두려움을 심어준다. 두려움은 사람을 실패자로 만든다. 그대는 먼저 그대 안의 두려움을 깨뜨려야 한다.

그대를 힘들게 하는 사람이 있다면 그를 찾아가 이렇게 말하라. "나는 당신의 이런 점 때문에 부담스럽고 힘들다. 앞으로 내 앞에서 말과 행동을 삼가주기 바란다. 그러면 나도 당신을 존중할 것이다. 그러나 당신의 행동에 변화가 없다면 나는 당신을 존중하지 않을 것이다." 당당하게 말하라. 그리고 그 사람이 그대 앞에서 행동을 삼갈 때까지 계속해서 이 말을 하라. 한 달이 걸리든 1년이 걸리든 10년이 걸리든.

뭔가 진척이 잘 안 되는 일이 있다면 그것을 끝낼 때까지 다른 일은 하지 마라. 그리고 지금보다 두 배 더 노력하라. 두 배 더 노력해서 안 되면 네 배 더 노력하고 그래도 안 되면 여덟 배 더 노력하라. 그 일이 해결될 때까지.

그대로 하여금 접근하는 것조차 모험일 것 같은, 그런 감정을 안겨주는 이성이 있다면 오늘 그 사람을 찾아가 고백하라. 만일 그 사람과 사귀게 된다면 그것은 좋은 일이다. 하지만 그렇지 못하더라도 포기하지 마라. 그 사람이 마음을 열 때까지 아름다운 방법으로 계속 도전하라. 끝까지 관심을 표명하고 끝까지 같은 편이라는 인식을 심어주고 끝까지 그 사람 곁에 예쁘게 남아 있어라. 그 사람이 당신의 사랑에 눈멀 때까지, 그 사람이 당신 없는 삶은 상상도 할 수 없노라고 고백할 때까지.

다른 모든 일도 이와 같이 하라. 일단 시도하라. 그리고 계속 도전하라. 그러면 된다.

♣생각해 보자

유럽인의 선조라고 할 수 있는 갈리아인은 항상 로마인의 지배를 받으면서 살았다. 그런데 외적인 요인만을 놓고 본다면 오히려 로마인이 갈리아인의 지배를 받았어야 옳다. 밀을 주식으로 하는 로마인과 달리 갈리아인은 육식을 했기 때문이다. 당연히 갈리아인은 로마인보다 키가 머리 하나 정도 더 컸다. 덩치도 로마인이 따라갈 수 없었다.

그런데 몸끼리 부딪치면서 싸우는 육박전이 주를 이뤘던 당시의 전투에서 갈리아인은 로마인을 거의 이기지 못했다. 이유는 간단했다. 갈리아인은 싸우다가 전황이 불리해지면 전투를 포기하고 뿔뿔이 흩어져서 도망을 친 반면 로마인은 차라리 칼에 맞아 죽을지언정 끝까지 싸웠기 때문이다.

나는 로마인과 갈리아인의 전투 이야기를 접할 때마다 사회의 구조가 떠오른다. 서로 비슷하기 때문이다. 사회는 소수의 성공자와 다수의 비성공자로 구성되어 있다. 그리고 비성공자는 성공자의 지시와 감독을 받으며 살아간다. 갈리아인이 로마인의 지시와 감독을 받으며 살았듯이.

어떤 사람은 이렇게 물을지도 모르겠다. 부익부빈익빈으로 돌아가는 이 사회에서 성공자와 비성공자는 처음부터 정해져 있는 게 아니냐고. 그 사람에게 나는 이렇게 대답하고 싶다. 나는 지금 자수성가한 성공자들을 말하고 있다고. 그리고 빈보다는 부에 속할 것이 분명한, 기업을 소유한 사람들의 90% 이상이 30년을 버티지 못하고 몰락한다는 통계도 있다고.

자수성가한 사람들의 특징은 놀랍게도 로마인의 성품과 유사하다. 그들의 머릿속에는 '포기'라는 단어가 없다. '도전'이라는 말만 있다. 그들은 포기하는 게 현실적으로 백번 옳다는 것을 알면서도 도전해서 실패하는 쪽을 선택하는 사람들이다. 그 과정을 통해 성공에 이르는 데 필요한 것을 배울 수 있다는 사실을 잘 알기 때문이다. 이 사람들은 10년을 도전해서 안 되면 또 다시 10년을 도전하면 된다고 생각하는 사람들이다. 그리고 실제로 그렇게 한다. 이들은 운명을 전율시키는 사람들이다. 운명으로 하여금 방해하는 것을 포기해 버리게끔 만드는 사람들이다.

한편으로 사회에서 비성공자로 살아가는 사람들의 성품은 갈리아인의 그것과 유사하다. 그들은 전혀 시도하지 않거나 도전했다가도 실패할 것 같으면 현명하게 발을 뺀다. 이 사람들은 10년을 도전해서 안 되면 '이건 안 되는구나', '나는 안 되는구나' 하면서 포기해 버린다. 이 사람들은 살아 있는 동안 단 한 번도 운명을 전율시키지 못한다. 운명의 노예로 살아가게 된다.

자의든 타의든 20대는 많은 것을 선택해야 하는 시기다. 지금 그대는 또다른 선택의 기로에 서 있다.

제 7 일 '언젠가는' 사고방식을 버려라

　　30대는 두 부류가 있다. 20대로 돌아가고 싶어하는 30대와 그렇지 않은 30대. 전자는 20대에 '언젠가는' 사고방식을 가졌던 사람들이고 후자는 '지금부터' 사고방식을 가졌던 사람들이다.

　　'언젠가는' 사고방식은 말 그대로 '언젠가는 좋은 날이 오겠지'를 모토로 삼고 있다. 이 사고방식은 현재에 집중하는 것을 방해한다. 마음의 날개를 미래로 향하게 만들기 때문이다. 그러나 미래라는 집은 현재라는 벽돌이 차곡차곡 쌓여서 만들어지는 것이다. 매순간 부실한 벽돌을 쌓아올리는 사람의 집은 과연 어떤 모양일까? '언젠가는' 사고방식에도 좋은 점이 있다. 현재의 고달픔을 위로해 준다. 하지만 바로 그 같은 점이 문제다. 현실감각을 무디게 만들고 행복한 미래가 저절로 주어진다고 착각하게 만든다.

　　'지금부터' 사고방식은 '지금 좋은 날을 만들지 않으면 좋은 날은 영원히 오지 않는다'를 모토로 삼고 있다. 이 사고방식은 현재에 몰입하게 만든다. 내가 꿈꾸는 행복한 미래라는 집은 지금 이 순간 현재라는 벽돌을 완벽하게 구워내지 않으면 절대로 주어지지 않는다는 것을 자극적으로 가르쳐주기 때문이다. '지금부터' 사고방식은 안주하고 싶고 쉬고 싶어하는 인간의 본성을 가혹하게 채찍질한다. 이 사고방식은 인간으로 하여금 매순간 새로운 결단과 각오와 행동을 취할 것을 요구하기 때문이다. 이 사고방식을 네 글자로 바꾸면 '자기 극복'이 된다.

'언젠가는'과 '지금부터' 사고방식은 나쁜 일에 대처하는 방법에도 확연한 차이를 보인다. 예를 들어 직장 상사에게 일을 잘못 처리했다는 이유로 비인격적인 대우를 받았다고 치자.

'언젠가는' 사고방식을 가진 사람은 친구들에게 전화를 걸어 술을 사달라고 한다. 그리고 술자리에서 이렇게 한탄한다. "언젠가는 그 인간을 넘어설 때가 오겠지. 비웃어줄 때가 오겠지." 그러면 친구들은 이렇게 대꾸해 준다. "그래, 언젠가는 그럴 때가 올 거야." 하지만 그 언젠가는 영원히 언젠가가 될 뿐이다. 지금 술을 마시고 있는데 상사를 넘어설 수 있는 능력이 언제 길러지겠는가.

반면 '지금부터' 사고방식을 가진 사람은 감정의 선을 잘라버린다. 냉정한 시각으로 지금 이 순간을 바라본다. 그리고 친구가 아니라 자신을 야단친 상사에게 전화를 걸어서 묻는다. "어떻게 하면 제가 그 일을 완벽하게 해낼 수 있겠습니까?"라고. 통화가 끝나자마자 그는 다시 책상에 앉는다. 그리고 무서운 집념으로 일을 파고들기 시작해서 마침내 직장 상사를 자신의 팬으로 만드는 업적을 창출해 내고야 만다.

20대를 '언젠가는' 사고방식으로 살아온 사람들은 30대에 들어서면서부터 우울해지기 시작한다. 20대에는 실패를 해도 모두가 이해해 주었다. 아니 "괜찮아, 20대는 다 그런 거야"라고 하면서 오히려 격려해 주었다. 하지만 30대는 다르다. 30대의 실패는 경험 미숙이 아니라 능력 부족으로 받아들여진다. 앞으로 계속 더욱 어려운 일들이 주어질 텐데 벌써부터 휘청거리는 자신을 느끼는 것은 참으로 고통스런 경험이다. 이런 30대가 20대 시절을 그리워하고, 우울해하며 또 의기소침해지는 것은 당연한 일이다.

20대를 '지금부터' 사고방식으로 일관한 사람들은 30대에 들어서면서부터 눈부신 비상을 시작한다. 넘어지고 엎어지고 깨지는 것은 20대에 신물나게 했다. 하지만 그때마다 "나는 지금부터 다시 시작이야!" 하고 외치면서 우뚝 일어섰다. 그리고 매일 온몸이 부서지도록 달렸다. 30대 초반에 이미 백전노장이 되어버린 그들에게 성공을 향해 질주하는 마라톤은 힘겨운 실전이 아니라 늘상 해온 연습에 불과할 뿐이다. 이런 30대가 눈물과 아픔으로 채색된 자기 극복의 나날이 전부였던 20대로 돌아가고 싶어하지 않는 것은 당연한 일이다.

"처음에 쉬웠던 길은 갈수록 험난해지고 처음에 어려웠던 길은 갈수록 편안해진다"라는 말이 있다.

'지금부터' 사고방식으로 살아가는 20대는 소수고 '언젠가는' 사고방식으로 살아가는 20대는 다수다.

　그대는 지금, 어떤 그룹에 속해서 살아가고 있는가?

♣ 오늘은……

　오늘은 '지금부터' 사고방식으로 바꾸는 날이다. 그대의 오늘을 돌아보라. 그대는 그대가 꿈꾸었던 20대를 살고 있는가? 그대가 10대 시절에 다니기 원했던 바로 그 대학, 또는 바로 그 직장을 다니고 있는가?

　10대 시절을 돌아보라. 매일 매순간 "지금부터 시작이야!"라고 외치면서 목표를 향해 돌진하는 삶을 살았는가? 아니면 반대의 삶을 살았는가? 만일 후자의 삶을 살았다면 그 삶이 그대의 오늘에 어떤 영향을 미쳤다고 생각하는가?

　다시 그대의 20대를 바라보라. 지금 이 순간 어떻게 살고 있는가? 목표를 생각하면서 자신을 채찍질하는 삶을 살고 있는가? 아니면 "언젠가는 내 꿈을 이룰 수 있었으면 좋겠다"라고 말하면서 자신을 방임하는 삶을 살고 있는가? 만일 후자의 삶을 살고 있다면 30대가 어떻게 펼쳐질 것 같은가? 냉정하게 생각해 보라.

　지금 이 순간 변화를 선택하라. 영원히 언젠가가 되어버릴 '언젠가……'는 잊어라. 현재라는 보석을 갈고닦아 미래라는 찬란한 궁전을 건설하라. 이 글을 읽고 있는 바로 지금 이 순간부터 현재에 몰입하라. 다른 생각은 일체 지워라. 오직 글자와 문장에 집중하라.

자연계의 법칙과 인간계의 법칙은 전혀 다르다. 자연계에서는 오늘 비가 내려도 내일 해가 뜨지만, 인간계에서는 오늘 내 인생을 뒤덮고 있는 구름을 제거하지 않으면 내일 절대로 해가 뜨지 않는다. 그러니 정신 바짝 차리고 항상 깨어 있어라.

아침마다 피곤한 몸을 억지로 깨우며 일어나더라도 '언젠가는 푹 잘 수 있겠지' 라고 생각하지 마라. "지금 새로운 하루가 시작되었다. 나는 지금부터 내 온 열정을 다해 내 삶을 가꿔나가겠다!"라고 외치며 하루를 활기차게 열도록 하라.

의도하던 일이 잘 안 풀려서 그대로 하여금 고개 떨구게 하는 상황이 발생하더라도 절대로 한숨짓거나 부정적인 감정을 허용치 마라. 그때마다 "지금부터 다시 도전한다!"라고 외치며 그 일에 달려들어라. 그리고 마침내 그 일을 멋지게 해치워버려라.

그리하여 "나는 해냈고, 할 수 있으며, 또 해낼 것이다!"라고 자신 있게 말할 수 있는 30대가 되어라.

♣ 생각해 보자

세계적으로 유명한 복싱 코치들의 말에 따르면 러키 펀치(lucky punch)는 만들어지는 것이라고 한다. 계산하지도 않았는데 우연히 터지는 러키 펀치란 없다고 한다. 또한 그것은 복서의 사고방식이 만든다고 한다. 그들의 말을 들어보자.

"상대방에게 불의의 타격을 받고 다운을 당하면 대부분의 복서들은 '이젠 끝이다'라고 생각하면서 눈을 질끈 감아버린다. 그리고 다음 라운드에서는 '다음 시합 때는…… 다음 시합 때는…… 반드시 널 이기고 말겠어!'라고 생각하면서 펀치를 날린다. 그런데 그 펀치라는 게 상대방에게 거의 충격을 주지 못하고 허무하기 이를 데 없는 것이다. 이미 마음이 현재의 경기를 떠났는데 그 사람의 펀치에 무슨 힘이 실리겠는가. 반면 소수의 복서는 전혀 다르게 생각한다. 그들은 다운을 당하자마자 이렇게 생각한다. '진정한 경기는 지금부터 시작이다. 나는 지금부터 너를 이길 것이다.' 그러면서 그들은 주심의 카운트가 에이트(8)로 올라갈 때까지 편안한 자세로 누워서 상대 선수의 스타일과 약점을 분석한다. 그들은 아무리 압도적인 상대를 만나더라도 이런 정신자세로 일관한다. 눈두덩이 찢어져서 피가 철철 흐르고, 얼굴에 시퍼렇게 멍이 들고, 다리가 풀려서 링 바닥에 질질 끌려도 지금 이 순간에 내 모든 것을 걸겠다는 각오로 무장하고 펀치를 날리는 그들의 주먹에서 어떻게 러키 펀치가 터지지 않을 수 있겠는가?"

제**8**일　받기보다 주어라

20대를 대상으로 특강을 할 때 이렇게 질문할 때가 있다.

"여러분, 세상에서 가장 추한 바다는 어디라고 생각합니까?"

그러면 모두가 한 목소리로 "사해(死海)!"라고 대답한다. 나는 다시 묻는다.

"왜 사해가 가장 추한 바다라고 생각합니까?"

예외 없이 "받을 줄만 알고 줄 줄은 모르기 때문입니다"라는 대답이 돌아온다. 그것도 질문이라고 하느냐는 듯한 표정과 함께. 그러면 나는 다시 묻는다.

"당신은 어떻습니까? 지중해나 태평양처럼 세상에 끝없이 주는 삶을 살고 있습니까? 아니면 사해처럼 늘 받는 삶을 살고 있습니까?"

그러면 갑자기 분위기가 싹 가라앉는다.

사해처럼 살아가는 20대가 너무 많다. 부모님에게든 주변 사람들에게든 세상에게든, 이해받기를 바라고 인정받기를 바라고 칭찬받기를 바라는 20대가 바로 사해처럼 살아가는 20대다.

10대 때는 그렇게 살아도 된다. 아니 그렇게 받으면서 살아야 한다. 그래야 올바르게 자란다. 하지만 20대는 다르다. 20대는 부모님과 주변 사람들과 세상에 이해를 주고 사랑을 주어야 하는 때다. 받는 삶에 익숙했던 10대 시절의 나를 깨뜨리기 위해 부단히 노력해야 하는 때다. 주는 삶을 실천하는 20대만이 자신을 성장시킬 수 있기 때문이다.

많은 유능한 30대가 중간 리더의 자리에 올라간 뒤로 더는 발전하지 못하고 퇴출당한다. 결정적인 이유가 무엇인지 아는가? 주는 법을 모르기 때문이다.

중간 리더란 주는 존재다. 아랫사람에게는 용기와 도전과 희망을, 윗사람에게는 믿음과 활력을 주는 존재다. 그렇게 상하로 끝없이 주면서 조직의 뼈대로 성장해 가는 게 바로 중간 리더다.

그런데 주는 삶을 살아본 적이 없는 중간 리더는 자기 일만 끝내놓고 잘 했다고 인정받기를 바란다. 잡음이 생기지 않을 리 없다. 아랫사람은 중간 리더가 챙겨주지 않는다고 불평하고 윗사람은 리더십이 없다고 실망한다.

이런 분위기를 알아챈 중간 리더가 자신의 실수를 자각하고 주는 삶을 실천하게 된다면 얼마나 좋을 것인가. 그러나 대부분은 '나는 열심히 내 할 일을 다 했는데 도대체 뭘 더 바라는 거야?'라는 식으로 생각하기 쉽다. 그 결과 점점 아래 위로 더 큰 마찰을 일으키게 되고 마침내 유능한 직원에서 부적응 직원으로 분류되어 퇴출당한다.

이렇게 퇴출당한 사람들은 자기 사업을 벌여도 성공하지 못한다. 자기 사업이란 중간 리더를 넘어서 진짜 리더가 된다는 것인데, 즉 자신에게 있는 것은 물론이고 없는 것까지도 주는 사람이 된다는 것인데, 자기를 절반 정도 주는 중간 리더의 자리조차도 감당하지 못한 사람이 어떻게 자기 사업을 벌여서 성공할 수 있단 말인가.

이런 사실을 생각해 본다면 20대부터 주는 삶을 실천하는 것은 단순히 아름다운 삶을 사는 것을 넘어서 미래의 나 자신을 위한 현명한 투자라고 할 수 있다.

♣ 오늘은……

오늘은 주는 삶을 실천하는 날이다.

자기 자신에게 먼저 무엇인가를 주어보라. 자신에게 받으려고 하지 마라. 그렇게 해봤자 나만 힘들고 고통스러울 뿐이다. 오늘은 자신에게 이렇게 말해 주어라.

"너에게는 참으로 많은 결점이 있어. 그것들 때문에 늘 힘들고 고통스러웠지. 하지만 앞으로는 그러지 않을 거야. 나는 네게 이해와 사랑을 줄 거야. 나는 너를 이해해. 그리고 너의 가능성을 믿어. 너는 잘 해낼 거야. 지금보다 몇 배 나은 사람으로 반드시 변화하게 될 거야."

이렇게 자기 자신에게 위로와 믿음을 주면 마음이 편안해질 것이다. 그리고 자신이 서서히 변화해 가는 것을 느끼게 될 것이다.

친구들과 주변 사람들에게도 좋은 표정과 아름다운 말을 주어라. 그들이 먼저 내게 다가와주고 인사해 주고 알아주기를 바라지 마라. 그런 마음은 천박하기 이를 데 없는 것이다. 그대가 먼저 다가가주고 인사해 주고 알아주어라. 만나는 사람마다 그렇게 해주어라. 그러면 인간 관계에 혁명이 일어난다. 그대 안에서 진정한 리더십이 자라난다.

부모님께도 먼저 드려라. 부모님이 나에게 맞춰주기를 바라는 마음은 버려라. 20대에 그런 마음을 갖는 것은 죄악이다. 어떻게 하면 부모님을 기쁘게 해드릴 수 있는가를 연구하고 반드시 부모님의 얼굴에 웃음꽃이 피게 하는 그런 인생을 살겠다고 다짐하라. 부모님의 어깨를 주물러드리고 부모님의 은혜에 감사하는 편지를 써보라. 부모님과 어떤 관계를 맺고 있든 일단 한번 실천해 보라. 세상에서 가장 아름다운 곳이 바로 가정이라는 사실을 경험하게 될 것이다.

주었다면 바로 잊어버려라. 돌려받기를 바라지 마라. 그런 태도는 주는 삶을 사는 사람의 태도가 아니다. 주는 삶은 주는 것 자체가 목적이요, 주는 행위 자체가 완성인 삶이다.

그대가 줄 수 있는 최선의 것을 세상에 베푸는 삶을 살겠다고 다짐하라. 인생은 한 번이다. 두 번 살 수 없다. 그렇다면 태평양처럼 살아보는 것은 어떤가. 나를 무한대로 키워서 세상의 모든 존재에게 푸른 바다를 안겨주는 사람으로 성장하는 것은 어떤가. 예를 들면 월급을 많이 받는 직장에 취직하는 사람보다는 셀 수 없이 많은 사람에게 엄청나게 많은 월급을 주는 그런 회사를 세우는 사람이 되는 것은 어떤가. 한국에서 인정받는 사람보다는 세계적으로 인정받는 사람이 되는 것은 어떤가.

이런 다짐을 하면서 하루하루를 살아가면 자신의 능력을 무한대로 키우기 위해 저절로 노력하게 된다. 삶의 순간순간을 최선을 다해 살아가게 된다.

♣ 생각해 보자

세계적으로 유명한 한 대학교는 졸업생들의 상당수가 직장에서 적응하지 못하고 해고당한다는 충격적인 결과를 접하고 원인을 분석하고 대처하기 위해 광범위한 조사를 벌였다.

그 결과 그들은 졸업생들이 업무를 잘 처리하지 못해서 해고당한 게 아니라, 인간 관계를 잘 맺지 못해 직장 부적응자가 되어 퇴출당한 사실을 발견하게 되었다. 그런 졸업생이 10명 중 무려 8.5명에 달했다. 반면 나머지 1.5명은 승승가도를 달렸다. 이 사람들의 업무 능력은 해고당한 사람들과 비교했을 때 그리 큰 차이가 없었다. 하지만 이들에게는 탁월한 인간 관계 능력이 있었다.

퇴출당한 8.5명은 평범한 인간 관계 관념을 가진 사람들이었다. 이들은 자신을 먼저 열어 보이기보다는 상대방이 다가오기를 기다리는 사람들이었다. 받은 것 이상을 줄 줄 모르는 사람들이었다. 반면

1.5명은 먼저 다가가고 먼저 칭찬해 주는 것을 즐기는 사람들이었다. 다른 사람들에게 자신이 가진 것은 물론이고 가지지 않은 것까지도 마음껏 퍼주는 데서 행복을 느끼는 사람들이었다.

제 9 일 마음의 평화를 유지하는 법을 배워라

나는 이 책에서 자기 변화에 대해서 이야기하고 있다. 그리고 자기 변화를 통한 성공에 대해서 말하고 있다. 그렇다면 가장 실속 있는 성공은 무엇일까? 나는 어떤 상황에도 흔들리지 않는 마음의 평화를 유지하는 것, 즉 마음의 성공이라고 말하고 싶다.

사회적인 성공도 매우 중요하다. 그것은 우리 삶의 질을 결정하기 때문이다. 하지만 아무리 사회적으로 큰 성공을 거두었다고 해도 마음이 평화롭지 못하다면 그것은 성공하나마나일 것이다. 이 책에서 말하는 자기 변화 플랜을 따라 하면 누구나 사회적으로 크게 성공할 수 있다. 하지만 나는 겉으로는 세상 모든 사람이 부러워할 업적을 쌓아놓고도 속으로는 세상 사람 모두가 혀를 끌끌 찰 정도로 초라한 마음을 가진 바보를 만들어내고 싶지는 않다. 나는 무엇보다 마음의 성공을 거두는 20대들이 생겨나는 것을 보고 싶다.

마음의 성공은 사회적 성공과 비교 자체가 무색할 정도로 아름답고 위대하다. 사회적 성공은 제3자가 알아주어야 가치가 있다. 하지만 마음의 성공은 사람들의 평가와는 전혀 상관이 없다. 마음의 평화는 그 자체로서 불멸의 가치를 지닌다. 사회적 성공은 뿌듯한 성취감에 비례해서 허탈감과 회의가 뒤따른다. 하지만 마음의 성공은 단 한 점의 어둠도 포함되지 않은 빛나는 성취감만을 안겨준다. 사회적 성공은 대단히 어렵다. 그것은 뼈를 깎는 노력을 동반한다. 하지만 마음의 성공은 누구나 쉽게 얻을 수 있다. 마음의 성공은 소수의 승자가 모든 것을 차지하는 피라미드가 아니라 손을 내미는 모든 사람에게 똑같은 크기로 돌아가는 원이다.

그런데 안타깝게도 너무 많은 사람들이 마음의 평화와는 담을 쌓고 살아가고 있다. 오직 물질적인 성공을 향해 미친 듯이 질주하고 있다. 그러다가 스트레스와 과로가 만들어낸 불행한 파국을 맞는 주인공을 연출한다. 남의 이야기가 아니다. 세계에서 가장 높은 40대 돌연 사망률을 자랑한다는 우리나라의 이야기다.

이 불행의 전철을 밟는 사람이 그대여서는 안 된다. 그대는 20대에도, 30대에도, 40대에도 여전히 평화롭고 행복한 내면을 간직한 사람이 되어야 한다. 세상에서의 삶이 얼마나 치열하든 간에 그대의 내면 세계는 잔잔한 호수여야 한다. 이 같은 마음의 성공을 거두기 위해서는 노력이 필요하다. 적게는 10년, 많게는 20년을 투자하는.

무엇보다 텔레비전과 인터넷을 멀리해야 한다. 대신 마음의 평화를 얻는 법을 가르쳐주는 책을 읽을 것을 권한다.

나는 20대 후반에 텔레비전을 팔아버리고 비로소 마음의 평화를 얻었다. 그 전에는 특히 자극적인 텔레비전 광고의 영향을 받아서인지 내 마음은 늘 공허하고 불만족스러웠다. 하지만 내 삶에서 텔레비전을 삭제해 버리고 대신 마음의 평화를 얻는 법을 알려주는 책을 읽기 시작하자 전혀 다른 것들이 내 삶에 밀려들기 시작했다. 그것은 내가 가진 것들에 대해 감사하는 마음과 그로 인해 얻어지는 삶에 대한 충만감이었다. 인터넷 역시 마찬가지다. 처음에는 호기심으로 시작했던 것이 어느덧 마음의 평화를 해치는 수준으로 발전하자 과감히 인터넷을 끊어버렸다. 그러자 마음이 다시 잔잔해지기 시작했다.

다음으로 세속적인 사람들과의 교제를 멀리할 것을 권하고 싶다. 이 세상에는 돈으로 삶의 문제를 해결할 수 있을 거라고 믿는 바보들이 너무 많다. 그들은 돈을 벌 수 있는 행동은 전혀 하지 않으면서 늘 입에 돈을 달고 다닌다. 실제로 전혀 부자도 아니다. 그들이 하는 행동이란 기껏해야 복권을 사는 것 정도다. 그런 사람들을 멀리하기 바란다. 그들은 가히 인독(人毒)이라 부를 만하다. 대신 마음의 평화를 추구하면서 사는 사람들과 교제하기를 권한다. 이런 사람들이 별로 없을 것 같지만 찾아보면 의외로 많다. 종교적인 삶을 살아가는 사람들, 묵상적인 삶을 살아가는 사람들, 자원봉사자로 활동하는 사람들이 대표적이다.

마지막으로 자연과 교감하는 능력을 키울 것을 권하고 싶다. 자연과 교감하는 능력은 그리 대단한 것이 아니다. 풀 한 포기, 꽃 한 송

이를 보고 감탄할 수 있으면 된다. 그런 사람은 이미 자연과 교감하는 능력을 가진 사람이다. 30대 이후로는 자연과 만나고 싶어도 만날 수 없는 삶을 살게 될 가능성이 많다. 그러니 20대에 될 수 있는 한 자연과 많이 만나야 한다. 자연과 벗하다 보면 저절로 묵상적인 사람이 된다. 묵상적인 삶은 마음의 평화로 가는 첫번째 열쇠다. 20대에 이 열쇠를 손에 쥔 사람의 인생은 전혀 다른 색깔로 칠해진다.

♣ 오늘은……

오늘 하루는 죽음에 대해서 생각해 보라. 죽음이라는 거울로 삶을 비춰보라.

죽음이라는 단어가 현실적으로 잘 다가오지 않는다면 가까운 공동묘지를 방문해 보라. 공동묘지는 의외로 단정하고 깔끔하게 정리되어 있다. 그리고 놀랍게도 평화로운 분위기로 가득 차 있다. 불길한 이미지와는 거리가 멀다. 산 하나를 빙 둘러서 평화롭게 누워 있는 사람들을 보면서 삶을 돌아보라.

지금 내 삶에서 가장 고민스러운 게 있다면 그것은 무엇인가?

내가 반드시 해야 한다고 생각하는 것은 무엇인가?

내가 만족한다고 생각하는 것은 무엇인가?

내가 소중하다고 생각하는 것은 무엇인가?

이것들을 하나씩 적어보라. 그리고 죽음이라는 거울로 비춰보라. 24시간 뒤에 죽는다고 가정해 보라. 그리고 다음 질문에 답해 보라.

내가 고민이라고 생각한 것이 진짜 고민거리인가?

내가 반드시 해야 한다고 생각한 것이 진짜 그럴 만한 가치가 있는 것인가?

나는 진정한 만족을 얻고 있는가?

내가 소중하게 생각한 것이 진짜로 소중한 것인가?

죽음이라는 거울에 비춰보면 삶의 진실이 드러나게 마련이다. 내가 그토록 고통스런 문제라고 여겼던 것들이 사실은 사소하기 이를 데 없는 것들이었음이 드러나고, "후회 없는 인생을 살기 위해서 앞으로 나는 어떻게 해야 하는가?"라는 질문에 대한 분명한 답이 드러난다. 언젠가는 경험해야 할 죽음이라는 사건을 긍정적으로 활용하면 마음의 평화는 물론이고 삶의 목적과 의미까지도 찾을 수 있는 것이다.

좋은 일과 나쁜 일은 서로 번갈아가면서 끊임없이 찾아올 것이다. 문젯거리들은 죽는 날까지 우리 곁에 있을 것이다. 이런 외부적인 것들에 잠시 감정적으로 반응할 수는 있다. 그러나 그것에 마음을 빼앗긴다면, 나쁜 일들과 문젯거리들을 수시로 되뇌면서 마음을 아프게 만든다면 그것은 삶을 사는 게 아니라 고통을 사는 것이라고 할 수 있다. 그런 불행한 인물이 되어서는 안 된다.

신은 마음의 평화를 물질 속에 심어두지 않았다. 사람의 마음속에 심어두었다. 오늘 하룻동안 죽음을 묵상하고 그 사실을 깨달아라. 그리고 다짐하라. 죽는 날까지 마음의 평화를 추구하는 삶을 살겠다고.

물질적인 것들이, 나쁜 사건들이, 삶의 문젯거리들이 나를 좌지우지하게 내버려두지 않겠다고. 그런 것들과 상관없이 나는 언제나 밝고 아름답게 살겠다고.

그리고 그대의 다짐대로 살아가라.

♣ 생각해 보자

좋지 않은 일이 생겼을 때, 문젯거리가 있을 때 어떤 사람들은 독한 술을 마시고, 소리를 지르고, 춤을 아름답지 못한 욕망의 표현으로밖에는 사용할 줄 모르는 사람들 속에 파묻혀 초라하게 몸을 흔든다.

반면 어떤 사람들은 맑은 차를 마시고, 좋은 책을 읽고, 햇빛이 잔잔하게 비치는 숲 속을 걷고, 도움이 필요한 사람들을 찾아가 봉사를 하고, 신 앞에 경건히 무릎꿇는다.

그대는 어떤 사람이 되고 싶은가?

20대부터 마음의 평화를 얻기 위해 노력하는 사람만이 후자의 삶을 살 수 있다.

제10일 기쁨은 창조하는 것이다

　노랑 지붕을 가진 집과 빨강 지붕을 가진 집이 서로 이웃해 있었다. 어느 날 밤, 두 집에 동시에 도둑이 들었다. 도둑들은 값나가는 물건들을 그야말로 싹쓸이를 해갔다. 아침이 밝았다. 노랑 지붕 주인은 잔치를 벌였고 빨강 지붕 주인은 앓아누웠다. 사정을 모르는 마을 사람들이 두 집을 찾아가 물었다.

　"무슨 일이 있습니까?"

　노랑 지붕 주인이 이렇게 대답했다.

　"간밤에 우리 집에 도둑이 들었지 뭐요. 그런데 재물만 잃었지, 우리 가족은 전부 무사했다오. 이 얼마나 놀라운 축복입니까. 잔치를 하지 않고는 도저히 그냥 지나칠 수 없는 일이기에 이렇게 잔치를 벌였다오."

　빨강 지붕 주인은 이렇게 대답했다.

　"어젯밤에 내 전 재산을 도둑맞았다오. 그것들을 모으느라 얼마나

고생했는데……. 하늘도 무심하시지, 어떻게 그렇게 싹쓸이를 해갈 수 있단 말인가. 이제 우리 집은 끝장났소. 희망이 없소이다. 그냥 이대로 죽고 싶은 심정이오."

이 비유는 기쁨의 성질에 대해서 이야기하고 있다. 기쁨은 우리들의 상식과는 달리 사건을 초월하여 생기는 것이라고 말하고 있다. 기쁨은 저절로 주어지는 것이 아니라 의식적으로 선택하는 것이라고 말하고 있다.

많은 사람들이 기쁨을 오해하고 있다. 좋은 일이 있을 때만 생겨나는 감정으로 이해하고 있다. 하지만 그렇지 않다. 사건을 어떻게 받아들이느냐에 따라서 감정은 얼마든지 바뀔 수 있다. 우리는 나쁜 일을 당하더라도 더 큰 불행을 겪지 않았음을 생각하면서 진심으로 기뻐할 수 있다. 반대로 좋은 일이 생기더라도 그보다 더 좋은 일이 생기지 않았음을 생각하면서 마음 상해하고 실망할 수 있다.

20대는 기쁨의 정의를 새롭게 내려야 한다. 기쁨은 내가 창조할 수도 있는 것임을 이해해야 한다. 그런 사람만이 자기 자신의 리더 (self-leader)가 될 수 있고 더 나아가 세상의 리더가 될 수 있다.

조금만 안 좋은 일이 생겨도 얼굴이 어두워지고 하루 종일 입을 다물고 사는 20대는 매력이 없다. 그런 사람에게는 어느 누구도 자신의 마음을 털어놓거나 중요한 일을 맡기고 싶지 않을 것이다. 반면 큰 불행을 당해도 웃음을 잃지 않고 오히려 주변 사람들에게 희망과 용기를 주는 20대는 매력적이다 못해 황홀하다. 그런 사람은 모두의 마음을 사로잡는다. 그는 세상과 운명과 하늘까지도 자기 편으로 만드는 사람이다.

'기쁨은 얼마든지 창조할 수 있다'는 새로운 사고방식으로 20대를 살아가라. 나쁜 일에 오히려 좋은 의미를 부여하면서 살아가라. 가장 안 좋은 상황이 가장 좋은 상황이라고 믿으면서 살아가라. 오래지 않아 그대는 마음속에 천국을 갖게 될 것이다.

♣ 오늘은……

우리 삶의 많은 부분은 노력으로 채워진다. 우리는 세상에 적응하기 위해 노력한다. 우리는 좋은 성적을 얻기 위해 노력하고 좋은 직장을 잡기 위해 노력하며 돈을 벌기 위해 노력한다.

그러나 기쁨이나 행복은 어떤가? 얻기 위해 노력한 적이 있는가? 아마도 없을 것이다. 이 같은 사실을 생각해 보면 우리가 삶에서 기쁨과 행복을 그토록 적게 느끼는 것은 어쩌면 너무도 당연한 일이다. 구하지도 않는데 저절로 주어지는 것은 없기 때문이다.

한편으로 우리는 기쁨과 행복에 대해 크게 착각하고 살아간다. 성공하면, 부자가 되면, 유명해지면, 꿈에 그리던 연인을 만나면 행복해질 것이라고 착각한다. 그러나 이런 것들이 사람을 절대로 행복하게 해주지 못한다는 것은 역사적으로 너무나 많은 사람들이 증명했다.

인류 역사에는 세계적으로 성공하고도, 전세계 상위 1%에 속하는 부자가 되고도, 불멸의 이름을 얻고도, 그토록 간절하게 소망했던 사람과 맺어지고도 자살하거나, 마약 중독자가 되거나, 인격 파탄자가 되거나, 가정이 파괴되는 불행을 겪은 사람들이 셀 수 없이 많다.

오늘은 다음 두 가지를 실천해 보라.

첫째, 의도적으로 기쁨이 충만한 하루를 만들어보라. 거울을 보고 그냥 한번 웃어보라. 처음 한 번은 살짝 미소를 지어보고, 두번째는 싱긋 웃음을 지어보고, 세번째는 크게 한번 웃어보라. 이것을 반복하라. 얼굴이 저절로 밝아지고 기분이 저절로 좋아질 때까지.

얼굴이 밝아지고 기분이 좋아졌다면 가족들 한 사람 한 사람에게 함박웃음을 지어주고 진실한 칭찬을 던져주어라. 그런 다음 휴대폰 안에 저장된 전화번호 순으로 전화를 걸어라. 그리고 이렇게 말해 주어라.

"내가 오늘 너에 대해서 잠깐 생각해 봤는데 너한테는 참 좋은 점이 있는 것 같아. 그건 바로 이러이러한 점이야. 너를 알게 돼서 참 기쁘다."

선뜻 전화를 걸기 어려운 사람에게는 문자를 보내주어라.

이 세 가지를 실천해 보면 누구라도 분명하게 알 수 있을 것이다. 기쁨은 창조하는 것이라는 말의 의미와 아주 작은 노력이 얼마나 큰 기쁨을 창조해 내는가를.

둘째, 행복에 대한 고정관념을 날려버려라. 무엇을 하면, 어떤 사람이 되면, 누군가를 만나면 나는 행복해질 거라고 생각하는 것은 10

대의 사고방식이다. 20대라면 다른 사고방식을 가져야 한다. 오늘 내 심장 안에 다음과 같은 깨달음을 새겨 넣어라.

"무엇을 못 해도, 어떤 사람이 못 되어도, 누군가를 만나지 못해도 나는 변함없이 행복할 거야. 행복은 내 안에 있는 것이니까. 무엇을 이루어도, 어떤 사람이 되어도, 누군가를 만나도 나는 변함없이 행복할 거야. 행복은 내 안에 있는 것이니까."

사람에게는 행복해질 권리와 행복을 창조할 수 있는 능력이 있다. 오늘 하루 그대의 세계를 행복으로 가득 채워보라. 그대의 세계가 실제로 행복으로 충만해질 것이다. 오늘의 경험을 잊지 마라. 그리고 앞으로도 영원히 행복을 창조하는 삶을 살아라.

♣ 생각해 보자

자살을 생각할 정도로 고통스런 세월을 보내는 청년이 있었다. 이 청년의 삶은 불행 그 자체였다. 사귀던 사람은 결혼을 앞두고 병에 걸려 사망했고, 도저히 갚지 못할 빚을 지고 있었고, 무슨 일을 하든 실패하는 사람이라는 딱지를 달고 있었다.

그러던 어느 날이었다. 그는 "사람은 자기가 마음먹은 만큼만 행복해진다"라는 글귀를 읽게 되었다. 글을 읽는 순간 그는 눈앞이 밝아지는 것을 느꼈다. 청년은 변화하기 시작했다. 자신에게 닥친 불행을 생각하는 데 시간을 쓰는 대신 행복을 창조하는 데 시간을 쓰기 시작했다.

그러자 삶이 변화했다. 모든 빚을 다 갚게 되었고 아름다운 여인을 만나 결혼에 성공했으며 하는 일마다 성공에 성공을 거듭해 마침내는 대통령의 자리에까지 오르게 되었다.

"사람은 행복에 대한 고정관념을 버리는 그 순간부터 행복해지기 시작한다."

"사람이 행복을 창조하면 행복은 새로운 운명을 창조한다."

역사상 가장 행복한 대통령이었던 링컨은 자신의 전 생애를 통해서 위의 말을 증명해 보였다.

제 4 부

20대의 생활을
변화시키는 10일 플랜

20대 동생들의 고민을 들어주다 보면 그들의 푸념 속에 거의 언제나 등장하는 말이 있다.

"나는 나름대로 열심히 노력하는데 결과는 항상 그저 그래요."

그런 말을 들을 때마다 내가 들려주는 말은 한결같다.

"열심히 노력하기만 하니까 그렇지!"

말 그대로다. 열심히 노력하기만 하면 언제나 그저 그런 결과밖에는 얻지 못한다. 세상이 그렇게 호락호락한 곳이 아니기 때문이다.

대부분의 20대가 자신이 나름대로 열심히 노력한다고 생각한다. 주관적인 입장에서 볼 때 그것은 사실이다. 분명히 10대 시절보다는 열심히 살아가기 때문이다. 하지만 객관적인 입장에서 볼 때는 어떨까? 대답 대신 이런 말을 들려주고 싶다. 사회 생활을 하는 사람치고 그 정도 노력을 하지 않는 사람은 없다고.

남들과 확연하게 구별되는 특별한 결과를 얻고자 한다면 남다른 노력을 해야 한다. 자신의 한계를 뛰어넘는 노력을 해야 한다. 그것도 매일 그렇게 해야 한다.

매일 밤 침대에 몸을 누일 때마다 '이러다 내가 죽는 것은 아닐까?'라는 두려움이 엄습할 정도로 치열하게 살고 있는가?

하루라도 코피가 쏟아지지 않으면 하루를 산 것 같지 않은 느낌이 들 정도로 자신을 몰아붙이면서 공부하거나 일하고 있는가?

가족들이 나를 볼 때마다 "제발 좀 쉬어가면서 해라. 네 건강을 해칠까 두렵다. 우리 모두의 간절한 부탁이다"라고 말할 정도로 혼신의 힘을 다해 살고 있는가?

만일 위의 질문에 "내가 바로 지금 그렇게 살고 있다!"라는 말을 할 수 없다면 그 사람은 평범한 노력을 하면서 살아가는 사람이다. 그런 사람은 평범하기 이를 데 없는 30대를 맞게 될 것이다.

운동의 효과는 20대의 삶에 대해 많은 것을 시사해 준다. 운동의 효과는 너무 힘들어서 이제 그만 쉬고 싶다는 생각이 밀려드는 바로 그 순간부터 나타나기 시작한다. 바로 그때 이제 그만 쉬고 싶다는 생각을 떨쳐버리고 운동장을 한 바퀴 더 달리고, 아령을 한 번 더 들 때 온몸의 신경섬유가 파열된다. 파열된 신경섬유들은 다음날 아침이면 한층 강화된 형태로 복구된다. 바로 이 같은 자신의 한계를 뛰어넘는 운동량이 쌓이고 쌓여서 특별한 몸을 만들어내는 것이다.

사람의 능력 또한 마찬가지다. 너무 힘들어서 이제 그만 쉬고 싶다는 생각이 내 안에서 아우성처럼 들려올 때, 머리에서 현기증이 일어나고 몸이 물에 젖은 솜뭉치처럼 가라앉을 때 "지금 이 순간을 뛰어넘을 테야!"라고 말하면서 한 시간 더 연구하고 한 시간 더 일할 때, 바로 그때부터 특별한 능력이 생겨나기 시작한다. 바로 그때부터 세상을 뒤흔들고 사람들을 감동시키는 특별한 힘이 생겨나기 시작한다.

10대의 삶은 20대를 결정하고, 20대의 삶은 평생을 결정한다.

광기 섞인 노력은 20대의 전유물이고, 20대에 그런 노력을 한 사람만이 30대부터 세상의 중심이 된다.

어떤가?

20대의 하루하루를 한계를 경신하는 나날로 만들어보는 것은.

♣ 오늘은······

오늘은 내 인생에서 '한계'라는 단어를 영원히 추방시키는 날이다. 사실 한계라는 것은 없다. 왜냐하면 세상에는 내가 한계라고 생각하는 지점을 익숙하게 넘어서는 사람들이 무수히 존재하기 때문이다. 따라서 우리는 이렇게 말해야 한다.

"한계란 없다. 다만 내가 한계라고 오해하는 것이 있을 뿐이다."

오늘은 그 동안 한계라고 오해한 것들을 깨뜨려라.

대학생이라면 그 동안 가장 어렵다고 생각한, 거의 포기 상태로 놔두었던 부분을 완벽하게 공부하라. 사람이 진실로 해내고자 하는 의지만 가지면 못할 일이 없는 법이다. 교과서 백 번 읽기, 이해될 때까지 베껴 쓰기, 참고 도서 전부 읽기, 완벽하게 이해할 때까지 선배들과 교수님에게 매달리기 등등 가능한 모든 방법을 동원해서 그 동안 내 지식의 한계라고 오해했던 부분을 넘어서라.

직장인이라면 그 동안 "이건 정말 내 능력 밖이야"라면서 제쳐두었던 그것에 도전하라. 껄끄럽기 그지없었던 인간 관계나 꼭 친해지고 싶은데 먼저 다가가지 못해서 그냥 그렇게 내버려두었던 인간 관계가 있다면 오늘 용기 있게 해결하라. 마음이 담긴 작은 선물을 건네면서 이렇게 말해 보라.

"그 동안 본의 아니게 그쪽 분의 마음에 부담을 드렸습니다. 그러나 그것은 제 본심이 아니었습니다. 앞으로는 서로 웃으면서 지냈으면 좋겠습니다."

"저는 누구입니다. 그쪽 분을 처음 본 순간부터 친하게 지내고 싶다는 생각을 했습니다. 그런데 용기가 없어서 그 동안 마음속에만 담아두었습니다. 하지만 이제 마음만으로는 부족해서 이렇게 인사를 드립니다."

좌절감을 안겨주는 어떤 업무가 있다면 오늘 그것을 완벽하게 해치워버린다는 각오로 뛰어들어라. 그대가 할 수 있는 모든 방법과 그대가 할 수 없다고 생각했던 모든 방법을 동원해서 오늘 안으로 끝내버려라. 사람이 자신의 혼을 바치면 몇 달 혹은 일 년을 투자해도 해낼 수 없을 것 같은 일도 단 하루 만에 해내는 기적을 일으킬 수 있는 법이다. 오늘은 한번 기적을 창조해 보라.

일에 몰두하는 시간이 딱 정해져 있다면 그 시간을 두 배로 늘려보라. 밥 먹는 시간을 빼고는 죽어도 자리에서 일어나지 마라. 그렇게 자신에게 가르쳐주어라. 그 동안 더는 일할 수 없다고 생각했던 것이 전적으로 오해였음을.

잠이 한계라면 오늘 하루는 절대 자지 말아보라. 잠이 오는 속도보다 빠르게 세면대로 달려가서 찬물에 얼굴을 씻어보라. 그리고 다시 집중해서 일을 하라. 그렇게 자신에게 가르쳐주어라. 그 동안 잠을 이길 수 없다고 생각했던 것은 전적으로 오해였음을.

오늘은 자기 자신에게 다음 문장을 확실히 이해시켜라.

"한계란 없다. 다만 한계라고 오해하는 것이 있을 뿐이다."

♣ 생각해 보자

물을 섭씨 100도까지 가열하면 그것은 그저 끓는 물이다.

그러나 100도를 넘어 101도까지 가열하면 수십 톤의 쇳덩어리를 하늘로 날려버리는 강력한 증기로 변화한다.

사람의 능력도 마찬가지다. 자신이 참을 수 있는 데까지 참고, 자신이 할 수 있는 데까지 하는 사람은 평범한 능력밖에 발휘하지 못한다.

하지만 자신이 참을 수 없다고 생각하는 것까지 참아내고, 자신이 할 수 없다고 생각하는 일까지 해내면 그 사람은 자기 앞을 가로막고 있는 모든 운명을 날려버리는 초(超)인간이 된다.

단지 자신의 한계를 1% 정도 넘어선 것만으로 그렇게 된다.

제 2 일 모두가 하기 싫어하는 생활을 하라

사방으로 푸른 물밖에는 아무것도 없는 그런 바다 위에서, 군인보다 더 엄격한 생활을 하면서, 몇 년 간 오직 물고기만 잡으면서 생활하라면 할 수 있겠는가?

한창 푸른 나이인 20대 중반에 스스로 원해서 그런 생활을 한 사람이 있다. 당시 그와 함께 대학을 졸업한 20대들은 전부 화이트칼라의 길을 걸었다. 하지만 그는 예외적인 선택을 했다. 대학을 우수한 성적으로 졸업하고도 일부러 블루칼라의 길을 걸었다. 그렇게 그는 지식과 경험이라는 양 날개를 등에 달고 사회의 꼭대기를 향해 독수리처럼 날아올랐다. 그가 30대에 자본금 천만 원으로 세운 14평짜리 회사는 오늘날 동원그룹이라고 불리고 있다.

요즘 20대는 너무 약해빠졌다는 소리가 사회 곳곳에서 들려오고 있다. 그저 하기 쉬운 일만 하려고 하고, 그저 편안한 일만 하려고 한다는 우려의 목소리 역시 만만치 않게 들리고 있다.

이 글을 읽고 있는 그대는 어떤가? 그대의 세계를 건설하겠다는 열정 하나로 스스로 원해서 밑바닥을 뒹굴고 있는 예외적인 인간인가, 아니면 남들이 만들어놓은 세계 속에 안주하면서 그저 그렇게 살아가고 있는 평범한 인간인가.

특공 훈련을 받은 군인들은 평범한 병사들이 꿈도 꾸지 못하는 일들을 수월하게 해낸다. 군사 작전에 관한 한 그들에게 불가능이란 없다. 20대 역시 마찬가지다. 평범한 사람들은 상상조차 못할 엄청난 자기 훈련을 한 20대는 30대에 들어서 대부분의 30대가 불가능하다고 생각하는 일들을 거뜬하게 해낸다.

대부분의 30대가 직장에서 윗사람의 눈치를 살필 때 그들은 기업을 세우고, 대부분의 30대가 윗사람으로 섬기는 사람들을 고용한다. 대부분의 30대가 세상에 적응하려고 몸부림칠 때 그들은 세상을 자신에게 적응시킨다.

모두가 '도저히 그렇게 살 수 없다'고 생각하는 그런 삶을 스스로 원해서 살아간 사람은 모두가 '도저히 가질 수 없다'고 생각하는 그런 힘을 갖게 마련이다. 그리고 모두가 힘들게 기어 올라가는 정상으로 가는 길을 날개를 달고 훨훨 날아서 올라가게 마련이다.

이 같은 원리를 알았기에 소설가 이외수는 20대에 화전민촌에 틀어박혀 얼음밥을 먹으면서 문장 공부를 했고, 배우 알 파치노는 27세에 연기의 기초부터 다시 공부했으며, 금융가 조지 소로스는 음식 찌꺼기로 배를 채우는 생활을 하면서 돈을 모아 런던 경제 스쿨에 진학했다.

세상에는 두 부류의 30대가 있다.

20대로 하여금 한숨만 나오게 하는 그런 우울한 삶을 사는 30대와 20대로 하여금 존경과 찬탄이 터져나오게 만드는 그런 눈부신 삶을 사는 30대가 있다. 전자는 예외 없이 20대를 자기 자신과 적당히 타협하면서 보낸 사람들이고, 후자는 예외 없이 20대를 자기 자신과 치열한 전투를 벌이면서 보낸 사람들이다.

그대는 20대의 하루하루를 어떻게 보내고 있는가.

♣ 오늘은……

오늘은 생활을 개혁하는 두번째 날이다.

오늘 단호하게 버려야 할 것은 남들과 똑같이 편안한 길만 걸어온 지난날의 부끄러운 삶이다. 그리고 오늘 새롭게 가져야 할 것은 모두가 가길 꺼려하는 험난한 길로 자원해서 걸어가는 도전의 삶이다.

세상의 모든 20대는 자기 변화를 간절히 원한다. 그리고 황금 같은 30대를 맞기를 바란다. 그러나 실제로 자기 변화를 이룩하는 20대는 찾아보기 어렵고, 황금 같은 30대를 맞는 20대는 모래사장에서 바늘 찾기만큼 어렵다.

왜 그럴까? 이유는 간단하다. 생활의 개혁이 없기 때문이다.

한 개의 날개로 나는 새를 본 적이 있는가? 한 개의 날개로 하늘을 날 수 있는 새는 없다. 자기 변화 역시 마찬가지다. 간절한 열망이라는 한 개의 날개로는 자기 변화의 하늘로 날아오를 수 없다. 생활의 개혁이라는 또다른 날개를 달아야 한다.

많은 20대가 안철수 같은 사람이 되기를 원하고 빌 게이츠 같은 성공을 거두기를 원한다.

그러나 안철수처럼 잠을 이틀에 한 번 그것도 겨우 여섯 시간만 자면서 자기 일에 몰두하는 20대는 거의 없고, 빌 게이츠처럼 매일 20시간씩 일하는 생활을 십 수년씩 지속하는 20대도 거의 없다.

세상에서 가장 불행한 사람은 살아 있는 동안 꿈을 이루지 못하는 사람이다. 그대에게는 자기 변화라는 꿈이 있다. 그대는 꿈의 실현을 도대체 언제까지 미뤄둘 작정인가.

지금 이 순간부터 시작하라. 지금 이 순간부터 새로운 삶을 살아라.

우리나라의 어떤 사람은 열흘씩이나 자지 않고 일만 하는 생활로 유명했는데, 어느 날 피로를 견디지 못한 얼굴이 종기를 만들어내자 병원 갈 시간이 아깝다며 종기를 인두로 지져가며 계속해서 일을 했다. 그 결과 그는 자신을 평범한 샐러리맨에서 SK그룹의 회장으로 변화시켰다.

또다른 어떤 사람은 날이면 날마다 밤을 새면서 일하다가 결국 심장의 이상으로 가슴에 심장 박동기를 달게 되었다. 상황이 그 지경에 이르렀는데도 그는 그 뒤로도 무려 10년간 밤을 새가면서 일을 했다. 그 결과 그는 자신을 무명 모형 건축가에서 세계 제일의 모형 건축가로 변화시켰다.

그대의 생활에 한계를 두지 마라. "말도 안 돼! 난 이렇게 살 수 없어!"라며 손사래 치지 마라. 그대도 할 수 있다. 그대도 평범한 사람들이 고개를 도리질하며 "그렇게 사는 것은 너무 무서워!"라고 말하는 그런 삶을 살 수 있다. 아니, 그대는 바로 그런 삶을 살아야 한다. 그렇게 할 때라야만 자기 운명을 변화시키는 특별한 힘을 손에 넣을 수 있다.

바로 지금 이 순간부터 새로운 삶을 살겠다고 맹세하라. 그리고 실제로 그렇게 살아가라. 이 글을 읽는 바로 이 순간부터.

그대는 할 수 있다.

♣ 생각해 보자

현대 경영학의 창시자로 불리는 피터 드러커 교수는 세계적인 기업을 이끌어가는 최고 경영자들의 생활을 바로 옆에서 지켜볼 수 있는 행운을 얻게 되었다.

처음에 그는 보통 사람들이 상상도 할 수 없는 위치에 오른 최고 경영자들에게는 천재적 두뇌, 기적 같은 업무 수행 능력, 경쟁사의 도전을 일거에 뒤엎어버리는 기발한 경영 전략 같은 초인적인 능력이 있을 거라고 생각했다. 그러나 오래지 않아 그는 자신의 견해를 바꾸게 되었다. 그의 말을 요약하면 이렇다.

"세계 최고의 기업을 이끌어가는 최고 경영자들은 슈퍼맨이 아니다. 그들은 전혀 특별하지 않다. 하지만 그들에게는 보통 사원들과 전적으로 구별되는 한 가지 특징이 있다. 그들은 평범한 사원들이 죽기보다 싫어하는 그런 일들을 천연덕스럽게 해낸다. 예를 들면 그들은 오직 숫자들만 적혀 있는 두꺼운 회계 보고서를 거의 외울 정도로 숙지하기 위해서 토요일 오후나 정기 휴가를 몇 번이고 자진 반납할 수 있는 사람들이다."

그는 또 이렇게도 말했다.

"(성공적인 최고 경영자가 되기 위해) 필요한 것은 천재적인 능력이 아니라 고된 작업이다."

제3일 새벽에 시작하라

중소기업 취재만을 담당했던 한 유명 일간지 기자가 어느 날 명함집을 정리하게 되었다. 거기에는 지난 몇 년 동안 만났던 유망 중소기업 사장들의 명함이 빽빽하게 들어 있었는데, 정리하다 보니 어느새 연락이 끊기고 사업계에서 소리 소문 없이 사라진 사람들이 상당수를 넘겼다. 반면 여전히 잘나가는 사람들도 적지 않았다.

'그 혹독한 생존경쟁의 장에서 거뜬히 살아남았을 뿐만 아니라 날이 갈수록 발전해 가는 이 사람들에게는 도대체 어떤 공통점이 있을까? 라는 호기심을 갖게 된 기자는 답을 찾아 움직였다. 그리고 자신이 맡고 있던 지면에 다음과 같이 적었다.

"……그들은 새벽에 시작하는 사람들이다."

'아침형 인간' 신드롬이 일어나기 전의 일이다.

보통 20대들은 심야형이 많다. 밤 10시가 넘어가야 공부도 잘 되고 다른 일도 잘 된다. 그렇게 꼬박 밤을 새운 뒤 새벽에 잠들고 아침이 되면 허겁지겁 학교로 향한다. 20대에는 이렇게 살아도 괜찮다. 하지만 본격적으로 직장 생활을 시작하게 될 20대 후반부터는 어떨까? 그리고 필사적으로 자기 계발을 하지 않으면 미래 자체가 사라져버릴 30대는 어떨까?

만일 그대가 심야형 인간이라면 지금부터라도 자신을 새벽형 인간으로 변화시켜 나가야 한다. 심야형 생활 습관은 직장 생활을 시작하는 순간부터 그대의 미래를 옭아맬 올가미로 작용할 것이기 때문이다.

직장 생활을 시작하게 되면 모든 약속이 퇴근 후로 잡힌다. 친구들과의 만남은 물론이고 이성 친구와의 만남, 그리고 각종 경조사와 업무 관계로 인한 만남 등으로 직장인의 퇴근 후 시간은 보통 일주일 내내 꽉 차게 마련이다.

20대 내내 심야형으로 살아온 몸은 자연스럽게 해가 지면서부터 집중력을 발휘하기 시작한다. 낮 동안 업무를 처리하는 일에 투입되어야 할 집중력이 당황스럽게도 사적인 약속과 만남에 투입되는 것이다. 그 결과 술 마시고 밥 먹고 노는 일에 자신의 능력을 쏟아버리게 된다.

그리고 다음날이면 마지못해 잠에서 깨어나고 아침밥도 챙겨먹지 못한 채 쫓기듯 직장으로 향하는, 이미 실패한 하루가 반복된다. 놀랍게도 직장인의 80% 이상이 이런 삶을 살고 있다. 남들과 구별되는 경쟁력을 쌓기는커녕 자기 생활 하나도 제대로 관리하지 못하는 이 사람들이 도태될 운명에 처하게 되는 것은 어쩌면 당연한 결과라고 할 수 있다.

새벽에 시작하면 모든 게 달라진다. 먼저 자신을 위해서 쓸 수 있는 시간을 확보하게 된다. 새벽 4시에 일어나서 세면과 운동 그리고 아침 식사에 두 시간을 쓴다고 가정해 보자. 그리고 출근하기 위해 8시에 집을 나선다고 가정해 보자. 그래도 두 시간이 수중에 떨어진다. 게다가 그 두 시간은 다른 사람의 방해를 전혀 받지 않는 나만의 시간이다. 세상은 고요하다. 집중력을 발휘하려고 애쓰지 않아도 저절로 최상의 집중력이 생겨난다.

10년 동안 매일 새벽 두 시간을 자기 계발에 쓴 20대와 침대에서 뒤척이는 데 쓴 20대가 맞이할 미래를 생각해 보라.

만일 두 사람이 한 직장에서 만난다면, 둘 중 누가 위에 서겠는가?

♣ 오늘은……

아마도 그대는 심야형 20대일 것이다. 그리고 심야형 생활로 인해 별다른 손해도 본 적이 없을 것이다. 어쩌면 그대는 심야형 생활을 즐기고 있을지도 모른다.

하지만 미래는 어떨까? 심야형 생활이 과연 그대의 미래에도 도움이 될까? 만일 이 질문에 자신 있게 "Yes!"라고 대답할 수 없다면 지금부터라도 자신을 새벽형 인간으로 변화시키는 게 좋을 것이다.

모든 변화는 정신으로부터 시작된다. 인간의 행동은 행동 그 자체만으로는 변화하지 않는다. 먼저 사고방식이 변화되어야 한다.

오늘 하루 심야형 생활이 나의 미래에 어떤 영향을 미칠 것인가를 진지하게 생각해 보라. 아주 구체적으로 고민해야 한다. 그 영향 - 아마도 부정적인 영향이 대부분일 - 을 수첩에 적어라. 그리고 그로 인해 경쟁력을 상실하게 될 자신의 30대를 상상해 보라. 몸서리가 쳐질 정도로 현실적으로 상상하는 것이 좋다.

도서관이나 서점에 가서 심야형 인간에서 새벽형 인간으로 변화하는 방법에 대해 쓰여 있는 책을 구하라. 그리고 정독하라. 다양한 방법이 적혀 있을 것이다. 그 중에서 그대가 실천할 수 있을 만한 방법을 골라라. 그리고 실천하라. 그러면 의외로 쉽게 새벽형 인간으로 변화할 수 있을 것이다.

나의 경우는 잠들기 전에 "나는 반드시 내일 새벽 몇 시에 일어날 것이다!"라고 외치는 방법이 도움이 될 것 같아 그 방법을 써보았다. 그랬더니 정말로 다음날 그 시각에 정확하게 일어나게 되었다. 밑져야 본전이라는 심정으로 시도해 보았는데 그 효과가 즉시 나타나는 것을 경험하고 무척 놀랐던 기억이 새롭다. 덕분에 나는 몇 년 동안이나 계속해 온 심야형 생활을 단 하루 만에 청산할 수 있었다.

그런데 이 방법도 계속 사용하자 내성이 생기기 시작했다. 그래서 지금은 다음날 새벽 기상이 어려울 것 같으면, "나는 내일 새벽 4시에 일어나 찬물을 마실 것이다. 4시 10분에는 운동화 끈을 매고 있을 것이다. 4시 50분에는 운동장 달리기를 마쳤을 것이고, 5시에는 샤

워실에 들어가 있을 것이며, 5시 30분에는 글을 쓰고 있을 것이다……"라는 식으로 아주 구체적으로 나 자신에게 말해 준다. 그리고 내 입으로 말한 다음날 새벽의 광경을 몇 번이고 머릿속으로 그려 보는 방법을 사용하고 있다. 효과는 90% 이상이다.

자기를 변화시킨다는 것은 자기의 욕구를 거스른다는 것이다. 더나은 인생의 목표를 위해서 자기 자신에게 의도적인 고통을 준다는 것이다.

아무리 미래를 위한다고 하지만 하루 만에 자신을 심야형 인간에서 새벽형 인간으로 변화시킨다는 것은 엄청난 고통을 동반한다. 어쩌면 그대는 하루 혹은 일주일을 망쳐버릴 수도 있다. 하지만 단단히 마음먹고 하루를 새벽형 인간으로 살고, 억지로라도 적게는 사흘, 많게는 열흘만 새벽형 생활을 해보면 어느새 몸이 적응해 가는 것을 발견하게 될 것이다. 그리고 한 달 뒤에는 완벽한 새벽형 인간이 되어 있을 것이다.

시간을 정복하지 못하는 자는 어떤 것도 정복할 수 없다는 것은 동서고금의 진리다.

20대의 패기로 그대의 시간을 정복하라.

♣ 생각해 보자

인생에서 가장 큰 지출은 무엇이라고 생각하느냐는 질문에 카네기는 이렇게 대답했다.

"아침잠이다!"

일본의 의사, 사이쇼 히로시는 건강한 사람들과 성공한 사람들의 기상 시간을 심층 조사한 뒤 이렇게 결론내렸다.

"새벽에 시작하지 않는 사람에게는 성공도 건강도 없다!"

동양의 성인, 공자는 이렇게 말했다.

"하루의 계획은 새벽에 달려 있다. 새벽에 일어나지 않으면 한 일이 아무것도 없게 된다."

제4일 '18시간 몰입의 법칙'을 실천하라

한때 나는 책을 쓰기 위해 세계적으로 크게 성공한 사람 200여 명과 한국에서 크게 성공한 사람 300여 명의 생활 습관을 조사한 적이 있다. 인터뷰 기사, 자서전, 평전 등의 자료를 통해 이들의 이야기를 접하면서 나는 '18시간'이라는 단어가 거의 모든 자료에서 일관되게 나타나는 현상을 발견하게 되었다. 그들은 이렇게 말하고 있었다.

"나는 하루 평균 18시간 일합니다."

"스무 살부터 지금까지 하루 18시간 이상 일하지 않은 날이 없습니다."

"하루 18시간 이상 일하지 않으면 하루를 산 것 같지 않습니다."

나는 이들의 자료를 조사하면서 또다른 특징을 발견했는데, 그것은 이 사람들이 하루 18시간 일하는 것을 즐기고 있다는 점이었다.

"하루 18시간 일하고 싶어서 일하는 게 아닙니다. 일에 몰입하다 보면 금세 시간이 그렇게 지나가더군요."

"저는 일하는 시간이 참 좋습니다. 늘 행복하고 항상 기쁩니다. 아침마다 회사 가는 일로 가슴이 설레고 밤마다 이제 그만 일하고 잠들어야만 한다는 사실이 아쉽기 그지없습니다."

"하루 18시간 이상 일하고 1분 쉬는 달콤함을 아십니까? 저는 매일 그런 달콤함을 맛보면서 살고 있습니다."

그들은 공통적으로 하루 18시간 이상 일하면서 사는 자신의 삶에 대해 위와 같이 고백하고 있었다.

그렇다면 이 사람들은 태어날 때부터 하루 18시간 이상 일에 몰입하는 습관을 가지고 있었을까? 아니다. 이들은 적게는 수년, 많게는 십 수년의 끈질긴 도전과 노력을 통해 습득했다.

본래 이들은 평범하기 그지없는 사람들이었다. 그런데 어느 날 자신의 미래를 진지하게 생각해 본 뒤, 지금처럼 살아서는 도저히 안 되겠다는 판단을 내리고, 자기 변화의 결단을 촉구했다. 최고의 나를 만들기 위해 몸부림치던 중 하루 18시간 이상 일에 몰입하면 일의 성취도가 놀라울 정도로 빠르고 높게 올라간다는 사실을 우연히 깨닫고는, 초인적인 노력을 발휘해서 하루 18시간 이상 일에 몰입하는 것을 자기 삶의 원칙으로 정착시킨 사람들이었다. 참고로 말하면 이 사람들은 일이 자기 적성에 맞든 맞지 않든 상관하지 않았다.

'18시간 몰입의 법칙'의 효과는 그저 놀라울 따름이다.

반에서 40등 하는 학생이 이 법칙을 실천하면 1년 안에 전교 상위권으로 올라간다. 2년 이상 실천하면 일류 대학에 입학한다.

평범한 샐러리맨이 이 법칙을 실천하면 30대에 최고 경영자가 되고 40, 50대에 그룹 회장이 된다.

사업가가 이 법칙을 실천하면 수년 안에 회사가 업계 1위로 떠오른다.

빈털터리가 이 법칙을 실천하면 10년 안에 수십억대의 재산가가 된다.

저능아 판정을 받은 사람이 역사에 길이 남는 천재가 된다.

이 법칙의 효과에 대한 증거는 세상에 넘쳐난다.

첫째, 경제 잡지나 일간지의 성공 인터뷰, 전세계 도서관에 꽂혀 있는 전기, 자서전, 평전 등을 들춰보면 수없이 많은 증거를 찾을 수 있다.

둘째, 텔레비전, 잡지 등에 정기적으로 등장하는 사람들이 그 증거다. 이들 중 18시간 몰입의 법칙을 실천하지 않은 사람은 극히 드물다.

어차피 인생은 단 한 번뿐이다. 한 번뿐인 인생의 태반을 우리는 일을 하면서 보내야 한다. 그리고 일로 인생의 승부를 보아야 한다. 일을 잘 해서 승자가 되든지 못 해서 패자가 되든지 둘 중 하나다.

어차피 해야만 하는 일이고, 일의 성패가 나의 인생을 좌우한다면 차라리 나 자신을 세계에서 가장 일을 잘 하는 사람으로 변화시키는 것은 어떨까?

18시간 몰입의 법칙이 그 답이다.

♣ 오늘은······

현대중공업에 민계식이라는 사람이 있다.

이 사람은 하루 평균 18~19시간을 일한다. 잠은 많아야 3~4시간 잔다.

일주일 중 3일은 하루 24시간을 일한다.

그러고도 매일 10킬로미터를 달린다.

이 사람의 나이가 올해 몇인 줄 아는가? 63세다.

18시간 몰입의 법칙에 대한 설명을 읽으면서 많은 생각이 교차했을 것이다. 세상에는 이렇게 사는 사람들도 있구나 하는 생각부터 꼭 이렇게까지 살아야 하는가 하는 생각까지 다양했을 것이다. 그 중에서도 그대를 가장 강력하게 흔들었을 생각은 아마도 이것이 아니었을까.

'다른 사람은 이렇게 살아도 나는 절대로 못해. 나는 할 수 없어!'

그러나 나는 딱 잘라서 말하고 싶다. 그대는 할 수 있다고.

그렇다. 그대는 할 수 있다.

환갑을 넘긴 할아버지도 하는데 20대인 그대가 못한다는 것은 말이 안 된다. 만일 그대가 18시간 몰입의 법칙을 실천하지 못한다면 그것은 못하는 게 아니라 안 하는 것이다.

그러니 나는 할 수 없다는 생각일랑 멀리 내던지고 지금 이 순간부터 18시간 몰입의 법칙을 실천하라.

18시간 몰입의 법칙의 장점은 후천적인 노력이 통한다는 점이다.

그리고 단순 반복으로도 습득할 수 있다는 점이다. 또 실제로 일하는 시간이 꼭 18시간일 필요는 없다는 점이다.

쉽게 말해서 일이 잘 되든 잘 안 되든 개의치 않고 무조건 하루 18시간 이상 일을 붙드는 생활을 꾸준히 하다 보면 어느새 18시간 몰입의 법칙을 습득할 수 있다는 것이요, 직접 일하는 시간은 하루 8시간에 불과하더라도 나머지 10시간 동안 일에 대한 화두를 놓지 않으면 습득할 수 있다는 것이다.

그러니 오늘 하루는 무조건 18시간 동안 일을 붙들고 있어라. 일의 진도는 신경 쓰지 마라. 그대는 지금 일을 잘 하기 위해서가 아니라 18시간 몰입의 법칙을 습득하기 위해서 일을 붙들고 있는 거니까.

비록 몸은 일을 떠나 있더라도 머릿속으로 꾸준히 생각하라. 식사를 하든 거리를 걷든 차를 타든, 깨어 있는 시간의 전부를 일에 집중하라. 그렇게 일과 자신을 하나로 연결시켜라.

18시간 몰입은 어느덧 그대의 생활이 되어 있을 것이다.

♣ 생각해 보자

과일 노점상이었던 이영석은 '18시간 몰입의 법칙'을 실천한 결과 대한민국 최고의 평당 매출액을 올린다는 과일 가게, '자연의 모든 것'의 사장이 되었다.

비틀스의 전설은 모든 멤버가 '18시간 몰입의 법칙'을 실천한 뒤

탄생했다. '18시간 몰입의 법칙'을 실천하기 전의 비틀스는 싸구려 술집을 전전하던 삼류 밴드에 불과했다.

가난한 미국 유학생 김종훈은 고등학교 때 수업료를 마련하지 못해서 자퇴서를 제출해야 했다. 하지만 그는 사회에 나와서 '18시간 몰입의 법칙'을 발견하고 실천했다. 오늘날 그는 『포브스』지에 세계 500대 부자로 선정되었다.

일본 자동차 왕, 혼다는 만드는 제품마다 불량품 판정을 받는 실패한 기술자였다. 그러나 '18시간 몰입의 법칙'을 실천한 결과 오늘날 우리가 알고 있는 '혼다'가 되었다.

윤생진은 고등학교를 뒤에서 10등으로 졸업했다. 하지만 그는 오늘날 대한민국 최고 명장인 동시에 대학 교수다. 그의 책을 읽어보라. 그러면 알게 될 것이다. 그의 삶은 '18시간 몰입의 법칙' 그 자체임을.

크리스티앙 디오르는 31세에 단지 먹고살기 위해 의상실에 취직했다. 그는 패션 디자인은커녕 재봉기계를 다루는 법조차 몰랐지만 '18시간 몰입의 법칙'을 실천한 결과 세계 패션 디자인계의 전설이 되었다.

앞에서 나는 성공한 사람 500여 명의 자기 변화 비결에 대해 조사한 결과 '18시간 몰입의 법칙'을 발견했다고 했다. 이 사람들이 자기 변화를 위해 실천한 법칙이 또 있다. '3(4)시간 수면의 법칙'이다.

'3(4)시간 수면의 법칙'은 말 그대로 하루에 3~4시간의 수면을 취하면서 나머지 시간 전부를 자신의 꿈을 실현하는 일에 쏟아붓는 것을 말한다.

'세상에! 하루에 겨우 서너 시간을 자면서 살라고? 말도 안 돼!' 라고 생각하는 사람이 있을 것이다. 그 사람의 마음을 십분 이해한다. 나도 옛날에는 그런 생각을 했던 사람 중의 하나였다. 하지만 지금은 충분히 말이 된다고 생각한다.

진정으로 자기 변화를 원한다면 짧게는 2~3년, 길게는 10년 이상 '3(4)시간 수면의 법칙'을 실천해야 한다. 물론 처음 한두 달은 힘들다. 몸이 아플 정도로 힘들다. 하지만 60일만 견디어내면 몸이 적응

한다. 그리고 그때부터 놀라운 일들이 벌어지기 시작한다.

먼저 도대체 내 안에 이런 가공할 만한 집중력이 어디에 있었나 하는 생각이 들 정도로 폭발적인 집중력이 터져나온다. 한 30분 지났을 거라고 생각하고 시계를 보면 시침이 마치 거짓말처럼 여섯 칸 내지는 일곱 칸씩 이동해 있는 현상을 심심찮게 경험하게 된다.

이런 몰입력이 공부나 일의 효과로 이어짐은 두말 할 것 없다. 정복과 초월, 말 그대로 일이나 공부를 정복하게 되고 그것도 모자라 초월해 버리는 경지에까지 이르게 된다.

다음으로 주변 사람들이 모두 내가 반드시 꿈을 이룰 것이라고 믿기 시작한다. 혹시 주변 사람들에게 "넌 안 돼!"라는 말을 듣고 있는가? 그렇다면 오늘부터 '3(4)시간 수면의 법칙'을 실천해 보라. "다른 사람은 몰라도 너는 반드시 된다!"라는 말을 듣게 될 것이다.

마지막으로 내가 나를 돕기 시작한다. 성공의 가장 큰 걸림돌이 자기 자신이라는 사실은 누구나 동의할 것이다. 내 안에 '내가 과연 할 수 있을까?', '나도 내 꿈을 이룰 수 있으면 좋으련만……', '안 될 거야', 이런 식으로 말하는 또다른 내가 있는 한 나는 영원히 성공할 수 없다. 세상에서 성공하고 싶다면 먼저 자기 안에서 성공해야 한다.

'3(4)시간 수면의 법칙'을 실천해 보라. 그러면 내 안의 또다른 내가 이렇게 말하기 시작할 것이다. '넌 할 수 있어!', '절대로 포기하지 마. 너는 성공하기 위해 태어났어!', '넌 반드시 네 꿈을 이루게 될 거야!'. ……그리고 실제로 꿈이 이루어지기 시작할 것이다.

세계는 이미 무한 경쟁 체제로 돌입했다. 청년실업, 삼팔선, 사오정 같은 단어는 결코 남의 이야기가 아니다. 바로 우리들의 이야기다. 독보적인 능력을 갖추지 않으면 생존 자체가 불가능한 잔인한 세상은 이미 도래했다.

과거에는 20대를 낭만적으로 보내도 되었다. 인생의 의미를 찾는다며 방황하고 고뇌하면서 세월을 보내도 되었다. 30대 초반에만 정신을 차려도 얼마든지 승승장구할 수 있었다. 그 정도로 사회가 넉넉했다.

하지만 오늘날의 사회는 무섭다. 20대에 정신 차리지 않으면, 입술을 깨물면서 정진하지 않으면 사회에 나오는 그 순간부터 도태되는 그런 가혹한 생존 경쟁의 장이다.

이런 사회에서 살아남으려면, 아니 살아남는 차원을 훌쩍 뛰어넘어 오히려 이 사회를 이끄는 사람이 되려면, 20대에 세상이 범접하지 못할 실력을 쌓아야 한다.

'3(4)시간 수면의 법칙'을 실천하는 20대만이 그 힘을 가질 수 있다.

♣ 오늘은……

오늘은 '3(4)시간 수면의 법칙'을 실천하는 날이다. 말 그대로 오늘은 21(20)시간을 깨어 있어야 한다. 그것도 일에 몰입하면서.

아마도 주변 사람들은 그대를 '미친 사람' 취급할 것이다. 네가 이런 생활을 얼마나 오래 하겠느냐며 비웃을 것이다. 하지만 그대가 오늘 하루 '3(4)시간 수면의 법칙'을 성공적으로 실천하고 지속적으로 딱 두 달만 실천하면 그대를 비웃었던 바로 그 사람들이 그대를 존경하기 시작할 것이다.

다른 모든 일이 그렇지만 자기 변화 역시 처음 한 발이 중요하다. 처음 한 발을 성공적으로 내디디면 다음 발은 어떻게든 내디딜 수 있게 마련이고 그 다음 발, 그 다음다음 발 역시 마찬가지다.

매일 6시간 혹은 8시간 이상 수면을 취하다가 갑자기 3시간 혹은 4시간으로 줄이는 것이 대단히 고통스러울 것이다. 게다가 오늘 하루만이 아니라 앞으로도 계속 '3(4)시간 수면의 법칙'을 실천해야 한다는 것을 생각하면 차라리 공포스러울 것이다. 하지만 잠도 정복하지 못하면서 자기 변화를 이루고 싶어하는 것은 말이 안 된다.

만일 '3(4)시간 수면의 법칙'을 실천하는 것에 고통이나 공포가 느껴지거든 자신의 꿈을 생각하고, 자기 변화를 이루고자 하는 강렬한 열망에 대해서 생각해 보기를 바란다. 고통과 공포를 이길 수 있는 힘이 거짓말처럼 생겨날 것이다.

'3(4)시간 수면의 법칙'에 편법이란 없다. 오직 의지만으로 부딪쳐야 한다. 졸음이 몰려들 때마다 찬물로 몸을 씻거나 그게 여의치 않으면 날카로운 물체로 허벅지를 찌르면서라도 버텨내는 것, 그게 '3(4)시간 수면의 법칙'을 몸에 익힐 수 있는 가장 빠른 방법이요, 가장 효과적인 방법이다.

오늘은 수단 방법을 가리지 말고 21(20)시간을 깨어 있어라. 어떻게든 오늘 하루를 견뎌내면 그대의 무의식이 하루 서너 시간 자고도 얼마든지 잘 생활할 수 있다는 것을 깨닫게 된다. 그러면 내일도 21(20)시간을 깨어 있을 수 있다. 이런 경험이 쌓이면 쌓일수록 그대는 강해진다. 몇 달 뒤에는 하루 20시간 이상을 미소짓는 얼굴로 깨어 있을 수 있다.

20대를 자기 훈련 없이 보내면 30대 후반부터 남은 생을 걱정하면서 사는 사람이 된다. 안타깝게도 우리 사회 30, 40대의 대부분이 이런 삶을 살고 있다. 참고로 말하면 이 사람들은 20대에 '3(4)시간 수면의 법칙'을 실천해 본 경험이 거의 없다.

반면 우리 사회 각계에서 리더로 활약하고 있는 30, 40대는 거의 대부분 20대에 '3(4)시간 수면의 법칙'을 실천한 경험을 갖고 있다. 참고로 말하면 이 사람들 중의 상당수는 지금도 '3(4)시간 수면의 법칙'을 실천하고 있다.

30, 40대에 새로운 습관, 그것도 나를 의도적으로 고통 속에 빠뜨려 환골탈태하게 하는 '3(4)시간 수면의 법칙'을 익힌다는 것은 너무도 어려운 일이다. 무엇보다 체력이 따라주질 않는다.

하지만 20대는 다르다. '3(4)시간 수면의 법칙'을 얼마든지 거뜬하게 실천할 수 있다. 체력적으로나 정신적으로나 '3(4)시간 수면의 법칙'을 생활 습관으로 정착시키기에 가장 좋은 때가 바로 20대다.

지금 이 책을 읽고 있는 그대가 바로 20대 아닌가!

그러니 오늘부터 하루 21(20)시간을 깨어 있어라!

♣ 생각해 보자

영화감독 지망생 강우석은 '3(4)시간 수면의 법칙'을 실천한 결과 한국 영화계의 절대 군주라 불리게 되었다.

너무도 평범한 10대 시절을 보냈던 김택진은 20대에 '3(4)시간 수면의 법칙'을 실천한 결과 리니지를 만든 엔씨소프트사를 설립하게 되었다.

마술의 '마' 자도 몰랐던 이은결은 '3(4)시간 수면의 법칙'을 실천한 결과 오늘날 우리가 아는 마술사 이은결이 되었다.

19살에 처음으로 공부를, 그것도 초등학교 과정부터 시작한 신호범은 '3(4)시간 수면의 법칙'을 실천한 결과 미국 유명 대학 교수가 되었고, 한국인 최초로 워싱턴 주 상원의원이 되었다.

나사 공장 점원이었던 임정환은 '3(4)시간 수면의 법칙'을 실천한 결과 세계적인 나사 회사의 설립자가 되었다.

지금 아무것도 아닌 그대가 '3(4)시간 수면의 법칙'을 실천한다면 먼 후일 그대는 어떤 존재가 되어 있을까.

제6일 일을 즐겨라

공자는 자기 변화의 정점에 자리잡고 있는 인물이다. 돈도 명예도 학벌도 배경도 없었던 공자는 육체 노동자로 사회 생활을 시작했다. 그러나 오래지 않아 자신을 왕을 가르치는 사람으로 변화시켰고, 아시아의 정신적 지도자로 변화시켰다.

공자는 『논어』에 자기의 운명을 변화시킨 비결을 밝혔다. 그 비결을 요약하면 이렇다.

"일을 즐겨라!"

30대 직장인은 두 부류로 나뉜다. 직장에 가고 싶어서 미치겠다고 말하는 30대와 직장에 가는 게 미치도록 싫다고 말하는 30대. 전자는 회사에 출근하는 것을 소풍 가는 것처럼 생각한다. 그것도 매일 진심으로 그렇게 느낀다. 이 사람들은 룰루랄라 휘파람을 불면서 출근하고, 행복해 죽겠다는 얼굴로 업무를 처리하고, 아쉬움에 가득 찬 얼굴로 퇴근한다. 경악스러운 얼굴로 "말도 안 돼! 그런 사람이 세상에 어디 있어!"라고 말할 20대가 있을 것이다. 그런 20대는 먼저 자신을 돌아보기 바란다. 아마도 무미건조하게 또는 너무도 평범하게 세상을 살아가고 있을 것이다. 그러니 무미건조하게 또는 너무도 평범하게 직장 생활을 하는 30대만 눈에 보일밖에. 참고로 덧붙이자면 세계적인 기업을 일군 최고 경영자들, 우리나라의 대표적 기업인들, 억대 연봉자들은 공통적으로 회사에 가고 싶어서 미치겠다고 말하는 30대를 살았다.

후자는 회사에 가는 걸 마치 지옥에 끌려가는 것처럼 생각한다. 그것도 매일 아침 그렇게 생각한다. 직장에 있는 동안에는 점심 시간과 퇴근 시간만 생각하고, 일요일과 휴가만 목 빠지게 기다린다. 안타깝게도 대부분의 30대 직장인이 이렇게 생활하고 있다. 그러니 발전이 있을 수 없다. 이런 30대들은 구조조정 및 퇴출로 이어지는 불행한 미래를 예약하고 있는 거나 마찬가지다.

그렇다면 대부분의 30대는 직장에서 왜 후자처럼 살아갈까? 답은 간단하다. 일을 즐길 줄 모르기 때문이다. 아니 20대에 일을 즐기려는 노력을 거의 하지 않았기 때문이다.

태어날 때부터 일을 좋아한 사람은 아무도 없다. 사람은 본능적으로 일하기를 싫어하는 존재다. 그렇다면 일하는 게 좋아서 미치겠다고 말하는 사람들은 어떻게 된 사람들일까? 어차피 해야만 하는 일, 차라리 즐겁게 하겠다는 태도로 일에 부딪쳐서 일을 즐기는 태도를 제2의 천성으로 만든 사람들이다.

20대에는 무엇보다 일을 즐기는 사람이 되어야 한다. 좋아하는 일은 물론이고 좋아하지 않는 일까지도 기쁜 얼굴로 해낼 수 있는 사람이 되어야 한다. 그런 사람만이 30대에 일을 정복하는 사람이 된다. 그런 사람만이 30대에 회사에 가는 걸 소풍 가는 것처럼 여기고, 일하는 시간 내내 얼굴에서 미소가 떠나지 않는 행복한 사람이 된다.

출퇴근 시간까지 합친다면 직장인은 평균적으로 하루 10시간 이상을 일하는 데 쓴다. 취침 시간을 빼면 하루의 절반 이상을 일에 쓰는 것이다. 단순히 먹고살기 위해서 하루 10시간씩 최소한 30년 이상 억지로 일해야 하는 삶을 생각해 보라. 그것은 삶이 아니라 차라리 악몽이다. 하지만 20대에 일을 즐기는 습관을 몸에 붙인다면 남은 30년이 행복하기 이를 데 없는 세월이 된다.

그대는 어떤 사람이 되고 싶은가.

♣ 오늘은……

직장 생활을 하는 20대가 이구동성으로 외치는 말이 있다.

"나도 일을 즐기고 싶지만 지금 하는 일이 적성에 맞지 않는 것 같아. 그래서 힘들어."

결론부터 말하자면 이 외침은 고정관념에서 비롯된 것이다. 일이 적성에 맞아야만 즐길 수 있다고 생각하는.

오늘은 이 고정관념을 깨라.

일은 일일 뿐이다. 적성에 맞아도 즐길 수 있고 적성에 맞지 않아도 즐길 수 있는 게 일이다. 즐거움이란 감정은 일 자체에서 나오는 게 아니라 사람의 마음에서 나오는 까닭이다.

어떤 20대는 적성에 맞는 일을 찾지 못하면 사회에서 성공하지 못할 거라고 두려워한다. 그러나 이 역시 고정관념일 뿐이다. 성공은 적성과는 아무런 관련이 없다. 일을 얼마나 즐길 수 있느냐에 달려 있을 뿐이다. 대한민국 샐러리맨의 신화라고 불리는 이명박은 20대에 이사, 30대에 사장, 40대에 회장 자리에 올랐다. 그는 적성과 성공에 대해 다음과 같은 말을 남겼다.

"현대건설에서 했던 모든 일은 나의 적성과 하나도 맞지 않았다."

"나는 일에 적성을 맞췄다. 나는 일을 즐겼다."

일과 적성에 대한 고정관념을 깨면 이명박 같은 성취를 이룰 수 있다. 그를 찬양하는 것이 아니라, 이왕 하는 직장 생활이라면 이명박 같은 성취를 이루는 게 그렇지 않은 것보다 낫다고 생각해서 하는 말이다.

고정관념을 깼다면 구체적으로 일을 즐길 수 있는 마음의 환경을 만들어보라.

첫째, 지금 하고 있는 일의 좋은 점만 생각하라.

둘째, 일을 통해 만나는 모든 사람들과 친구가 되도록 하라.

셋째, 무조건 웃는 얼굴로 일을 하라.

넷째, 회사나 고객의 '일'을 처리해 주는 사람이 아니라 회사와 고객에게 '기쁨'을 주는 사람이 되는 것을 삶의 목표로 삼아라.

다섯째, 위의 네 가지를 항상 실천하면서 주어진 일을 즐기는 또다른 방법을 지속적으로 찾아라.

20대의 마음밭에 위의 다섯 가지 씨앗을 뿌리고 잘 관리하면 이 씨앗들은 30대에 울창한 숲으로 자랄 것이다.

오늘은 마음밭에 다섯 가지 씨앗을 뿌려라.

♣ 생각해 보자

뇌 과학자들과 의학자들의 조사 결과에 따르면, 인간의 뇌 속에는 천재적인 집중력을 발휘하게 하는 베타엔도르핀이라는 호르몬과 집중력을 파괴하는 노르아드레날린이라는 호르몬을 제조하는 공장이 있다고 한다.

참고로 얘기하면 베타엔도르핀은 노벨상 수상자들의 뇌 속에서 흔히 발견할 수 있고, 노르아드레날린은 알코올 중독자들의 뇌 속에서 흔히 발견할 수 있다고 한다. 또 노르아드레날린은 코브라의 독에 준하는 독성을 갖고 있다고 한다.

그들의 실험 결과에 따르면 인간이 일을 하면서 기쁨을 느끼면 뇌 속에서 베타엔도르핀이 마치 햇빛처럼 쏟아진다고 한다. 반대로 싫증 또는 고통을 느끼면 노르아드레날린이 폭포처럼 쏟아진다고 한다. 한편으로 그들은 인간이 일을 의도적으로 즐기는 경우에 대해서도 실험해 보았는데 역시 베타엔도르핀이 무수히 쏟아지는 것을 발견했다.

실험을 마친 그들은 성공적인 인생을 사는 비결에 대해 이렇게 결론지었다.

"일을 즐겨라."

제 7일 하루에 한 권 이상의 책을 읽어라

독서하기 위해 새벽 4시에 일어나는 20대가 있었다. 그의 삶은 일과 독서가 전부였다. 학교 다닐 땐 독서를 공부만큼이나 열심히 했고, 직장에 들어가서도 그렇게 했다. 아니 독서하고 남는 시간에 공부하고 일했다고 말해도 과언이 아닐 정도였다. 또래들은 그런 그를 보고 '책벌레'라고 했다. 책밖에 모르는 그의 삶이 답답하다고도 했다.

세월이 흐르고 흘러 그들은 어느덧 가족이라는 이름으로 만난 사람들의 인생을 책임질 나이가 되었다. 그런데 세상살이는 그때부터 어려워지기 시작했다. 너무 많은 사람들이 거의 유일한 생계 수단인 회사를 떠나야 했고, 겨우 살아남은 사람들도 또다시 닥쳐올 대량 해고의 폭풍을 걱정해야 하는 처지가 되었다. 가족은커녕 자기 자신도 책임지지 못하는 존재로 전락하고 말았다는 좌절감이 그들의 내면을 휩쓸었다. 그들에게 삶이란 더는 삶이라고 볼 수 없는 것이 되었다. 죽기살기로 버텨내야 하는, 그러나 그렇게 버티어낸다고 해도 출구가 보이지 않는 어둠의 터널이었다.

그들은 너무 억울하다고 생각했다. 그 동안 나름대로 온 힘을 다해 달려왔는데 대가가 고작 이거란 말인가, 하면서 원통해하고 가슴아파했다. 하지만 오래지 않아 자신들이 왜 이런 처지로 전락할 수밖에 없었는가에 대한 답을 얻게 되었다. 20대 시절에 그들이 책벌레라고 불렀던 바로 그 사람이 답이었다.

그는 어느새 대한민국에서 내로라하는 대기업의 최고 경영자가 되어 있었다. 그가 대기업 소유주와 어떤 친인척 관계가 있는 것도 아니었다. 그는 평범한 가정 출신이었다. 회사 생활도 평범한 말단 사원으로 시작했다.

그런데 어떻게 최고 경영자가 되었을까? 그의 두뇌가 남달랐기 때문이었다. 1년 평균 150권씩 수십 년 동안 책읽기에 목숨을 걸다시피 하면서 살아온 결과 수천 권의 책을 머릿속에 저장해 둔 그는 이미 회사일은 물론이고 세상사에 통달한 사람이 되어 있었던 것이다. 책이 이틀에 한 권씩 예외 없이 착착 입력되는 그의 두뇌와 한 달에 한 권, 아니 어느 때는 일 년에 한 권 입력될까 말까 한 자신들의 두뇌를 비교하는 순간 그들이 탓해야 할 것은 세상이 아니라 그 동안 책을 가까이하지 않았던 자신들이라는 사실을 뼈아프게 인정해야 했다.

위의 이야기는 실화다. 그리고 20대에 독서를 생존으로 받아들인 사람과 취미로 받아들인 사람들의 미래다.

많은, 너무나도 많은 20대가 독서를 취미로 착각하고 있다. 그러나 성공한 사람치고 독서를 취미로 받아들인 사람은 아무도 없다. 성공한 사람들은 모두 독서를 생존으로 받아들인 사람들이다. 아니 독서를 생존으로 받아들이고, 책을 통해 자기 자신을 끝없이 개혁해 나간 결과 성공한 사람들이다. 구체적인 예가 우리나라의 내로라하는 기업의 회장 및 사장들이다. 삼성그룹, 대성그룹, 효성그룹, 동양기전, 이메이션 코리아, 벽산그룹, 이랜드 그룹 같은, 한 마디로 쟁쟁한 기업을 이끌고 있는 사람들은 그 빡빡한 일정 속에서도 1년 평균 100권에서 200권까지 책을 읽는다. 중소기업이라고 예외는 아니다. 중소기업진흥공단이 발표한 한 자료에 따르면, 성공한 최고 경영자들은 매달 1천여 쪽 이상의 독서를 하는 것으로 나타났다.

그대 또한 독서에 목숨 거는 사람으로 변화해야 한다. 책을 읽기 위해 매일 새벽 4시에 일어나고, 한 권 이상의 책을 읽지 않으면 절대로 잠자리에 들지 않는 그런 사람이 되어야 한다.

너무 많은 사람들이 30대 중반에 들어서야 독서의 위력을 실감하고 책을 손에 잡으려고 한다. 그러나 그때는 너무 늦다. 독서의 진정한 효과는 보통 10년 뒤에 나타나기 때문이다. 이 경우 독서로 얻은 능력을 발휘해 보기도 전에 구조조정 또는 대량 해고의 폭풍에 휘말리게 될 것이다. 그러니 20대부터 자신을 철두철미한 독서가로 변화시켜 나가야 한다. 그래야 30대에 독서에 투자한 모든 노력을 보상

받을 수 있고, 40대에는 구조조정 또는 대량 해고라는 무시무시한 폭풍을 뚫고 비상하는 용이 될 수 있다.

세계는 이미 무한 경쟁 체제로 돌입했다. 무한 경쟁 시장의 승자는 남보다 우월한 지식을 가진 사람이라는 것은 상식이다. '무한 경쟁', '승자' 같은 살벌한(?) 단어가 피부에 와 닿지 않는 20대가 많을 것이다. 그런 20대는 주변의 생각 있는 30대에게 물어보라. 이 단어들에 대해서 어떻게 생각하느냐고. 아마도 팽팽하기 그지없는 긴장감과 함께, '그것은 피할 수 없는 현실'이라는 답변을 듣게 될 것이다.

그 피할 수 없는 현실이 그대의 존재 위로 시시각각 밀려들고 있다. 오늘 밤이 지나고 내일이 되면 또 하루만큼 그대 앞으로 성큼 다가올 것이다. 그대는 피할 수 없는 현실을 맞기 위해 어떤 준비를 하고 있는가.

♣ 오늘은······

독서를 생존으로 받아들인 20대는 언제나 있어왔다. 지금도 있다. 비록 소수지만 분명히 있다. 독서에 목숨을 거는 20대는 평범한 20대가 보기에 대단히 답답한 삶을 산다. 일례로 그들은 텔레비전 시청은커녕 인터넷도 거의 안 한다. 휴대전화가 없는 사람도 의외로 많다. 책 읽을 시간을 확보하기 위해서다. 책벌레의 수준을 넘어서 책에 미쳐서 살아가는 그들에게는 다음과 같은 공통점이 있다.

첫째, 새벽에 일어나서 학교 또는 직장에 가기까지 책을 읽는다.

둘째, 독서는 가장 중요한 일이라는 사고방식을 가지고 있다. 공부나 일을 하고 남는 시간에 책을 읽는 것이 아니다. 책을 읽고 남는 시간에 공부하고 일한다.

셋째, 책을 읽다가 잠드는 습관을 가지고 있다.

놀라운 것은 이들의 독서 습관이 언젠가는 인생의 눈부신 변화를 일구어낸다는 것이다.

손정의는 이름 없는 사업가에 불과했다. 그러나 독서의 중요성을 깨닫고 4천여 권의 책을 읽은 뒤 세계를 주름잡는 사업가로 변화했다.

정문식은 고등학교를 거의 꼴찌로 졸업했다. 그러나 공장의 공원으로 일하면서도 책을 손에 놓지 않은 결과 대한민국에서 가장 성공한 중소기업이라는 이레전자의 창업주가 되었다.

조현정은 충무로에 위치한 전파사의 직원이었으나 한편으로 광적인 독서가이기도 했다. 오늘날 그는 대한민국에서 가장 성공한 컴퓨터 사업가 중의 한 명이다.

다른 모든 성공한 사람들의 경우도 마찬가지다. 전부 독서에 목숨 걸고 매달린 결과 기적 같은 자기 변화를 이루어냈다.

그대 역시 기적 같은 자기 변화를 이루어내는 주인공이 되어야 한다. 언제까지고 남들이 성공하는 모습만 바라보는 그런 위치에 자신을 놓아두어서는 안 된다. 그러기 위해서는 오늘 한 권의 책을 읽어내는 일이 필요하다.

그대가 꼭 읽고 싶다고 생각했던, 아니 반드시 읽어야 한다고 생각했던, 그러나 그때마다 꼭 다른 사정이 생겨서 다음으로 미룰 수밖에 없었던 바로 그 책을 손에 잡아라. 그리고 MP3와 핸드폰을 끈 뒤 혼자만의 공간으로 들어가라. 처음엔 지루할 수도 있다. 그만 뛰쳐나가고 싶은 마음도 들 것이다. 어쩌면 책을 베개삼아 그냥 자버리고 싶은 충동도 들 것이다. 그 모든 것을 참아내라. 마지막 페이지를 덮을 때까지.

단순하게 읽지 마라. 때론 소리내어 읽고 마음에 와 닿는 부분은 여백에 베껴 적어라. 무수히 많은 밑줄을 긋고 그 옆에 그대의 의견을 달아라. 그렇게 적극적으로 독서하라. 그러다 보면 자기도 모르는 사이에 독서에 깊이 빠져들게 될 것이다. 그리고 그대 안에서 새로운 세계가 열리는 걸 경험하게 될 것이다. 이 경험이 가장 중요하다. 이 경험이 쌓이고 쌓이면 그대는 굳이 노력하지 않아도 자연스럽게 독서광으로 변화할 것이다.

자신을 그런 사람으로 변화시키고 싶다면 지금 즉시 책을 손에 잡아라. 그리고 오늘이 가기 전에 그 책을 다 읽어라.

첫 단추를 잘 꿰면 나머지 단추는 저절로 잘 채워지는 법이다. 오늘 한 권의 책을 성실하게 읽으면 내일도 모레도 그리고 그 뒤를 이어 계속되는 날들도 한 권의 책을 성실하게 읽을 수 있다.

♣ 생각해 보자

하루에 한 권 이상의 책을 읽는 20대는 10년 뒤에 머릿속에 도서관 하나가 생겨난다. 머릿속에 대략 3,650권의 책이 담기기 때문이다.

반면 한 달에 한 권 정도의 책을 읽는 20대는 10년 뒤에 머릿속에 작은 책꽂이 하나가 생겨난다. 머릿속에 대략 120권의 책이 담기기 때문이다.

머릿속에 겨우 책꽂이 하나를 갖고 있는 30대는 아무리 발버둥쳐도 머릿속에 도서관을 갖고 있는 사람을 따라잡을 수 없다.

제8일 건강을 관리하라

10년 뒤 어느 날, 나보다 서너 살 많은 선배와 함께 있는데 사람들이 선배를 보면서 "네 직장 후배냐?"라고 물어오는 광경을 상상해 보라. 나에게서 어떤 연륜이나 노련미가 느껴져서 그러는 게 아니라 겉으로 보이는 나이 때문에 그렇게 묻는 경우 말이다.

처음엔 기가 막히고 어이가 없겠지만 점점 기분이 우울해지고 나중에는 어쩌다가 내가 이렇게 되었나 하는 생각에 좌절감과 자괴감마저 느끼게 될 것이다. 매사에 자신감과 의욕이 사라짐은 물론이다.

다른 사람은 몰라도 나는 절대로 그렇지 않을 거라고 생각한다면 오산이다. 왜냐하면 실제 나이보다 적게는 대여섯 살, 많게는 열 살까지 많게 취급받는, 너무나도 겉늙어버린 30대의 대다수가 20대에 그처럼 생각한 사람들이기 때문이다.

20대에는 굳이 운동하지 않아도, 음식을 가려먹지 않아도 얼마든지 건강을 유지할 수 있다. 외모가 제 나이에 맞게 비칠 수 있다. 또 얼마든지 실제 나이보다 적게 비칠 수 있다. 하지만 신체의 노화가 시작되는 30대에도 그럴까.

많은 30대가 배와 옆구리에 인간의 것이라고 믿기지 않을 정도의 살을 달고 있다. 40대와 견주어도 손색이 없을 정도로 겉늙은 외모를 가진 30대도 부지기수다. 20대에 건강의 중요성을 한 귀로 듣고 한 귀로 흘려버린 사람들의 경우가 여기에 해당한다.

반면 소수의 30대는 20대 저리 가라 할 정도로 날씬한 배와 탄탄한 근육을 가지고 있다. 자기 나이보다 적게는 대여섯 살, 많게는 열 살까지 어려 보이는 외모를 가지고 있음은 물론이다. 20대에 건강의 중요성을 깨닫고 철저한 자기 관리를 시작한 사람들의 경우가 여기에 해당한다.

30대에 웬만한 20대 뺨치는 젊은 몸을 가지고 있는 사람들에게는 공통점이 있다. 그들은 전부 운동 중독자들이다. 비가 오면 비를 맞으면서 즐겁게, 눈이 오면 또 눈을 맞으면서 즐겁게 매일 10킬로미터를 달리는 사람이 있다. 야근을 한 날도 달리고, 팔을 다쳐서 깁스를 한 날도 달린다. 지난 10년 동안 단 하루도 달리기를 거른 적이 없다는 이 여인은 올해 36세인데 배에 군살이라고는 한 점도 없다. 나이는 많아야 29세 정도로 보인다.

일부러 두꺼운 사전 몇 권을 넣은 배낭을 메고 등산을 하는 사람이 있다. 비나 눈이 내리는 날엔 20층짜리 아파트 계단을 10회씩 오르내린다. 지난 10여 년 간 단 하루도 등산을 거른 적이 없다는 이 사람의 근육은 말의 그것처럼 단단하고 탄력 있다. 별명은 철인이다. 이틀 정도는 밤을 꼬박 새워도 아무렇지 않은 체력 때문에 붙여진 별명이다. 나이는 38세인데 많아야 32세 정도로 보인다.

이 두 사람은 본래 전혀 건강하지 않았다. 10대부터 약골이었고 과체중이었고 겉늙어 보였다. 그런데 20대에 들어서 건강의 중요성을 깨닫고 운동하기 시작했고 그 결과 20대 후반부터는 강골에 날렵한 몸매에 나이보다 몇 살이나 젊어 보이는 사람으로 변화했다. 하루도 거르지 않고 꾸준히 운동한다는 원칙을 10년 넘게 우직하게 지켜온 결과 놀라운 자기 변화를 이룩한 것이다.

21세기는 평균 수명 100세 시대라고 한다. 그대 역시 이변이 없는 한 100세까지 살게 될 것이다. 인간이 100세까지 살게 된다는 것은 축복이다. 하지만 건강하지 못한 몸으로 100세까지 산다면 그것은 재앙일 수도 있다. 20대부터 운동하는 습관을 들이면 건강한 몸으로 100세까지 살 수 있다. 그렇지 않으면 그 반대의 삶을 살게 된다. 그대는 100세를 어떤 몸으로 맞이하고 싶은가.

♣ 오늘은……

오늘은 몸을 변화시키는 날이다.

먼저 자신의 과거를 돌아보라. 지난 하루, 지난 일주일, 지난 한 달, 지난 일 년을 돌아보라. 운동하는 데 얼마나 많은 시간을 투자했는가? 늦잠 자는 데, 친구들을 만나서 노는 데, 텔레비전이나 인터넷 또는 휴대폰에 쓴 시간 등과 비교해 보라.

셔츠 속으로 가만히 손을 넣어 배와 옆구리를 만져보라. 만져지는 느낌이 뭔가 만족스럽지 못하다면 운동과는 거리가 먼 삶을 살아온 나의 지난날이 내 배와 옆구리에 어떤 영향을 미쳤을까를 진지하게 생각해 보라. 또 앞으로도 계속 지금처럼 살아간다면 10년 뒤 내 배와 옆구리는 과연 어떤 모양일까를 상상해 보라. 또 사람들에게 어떤 느낌을 주는 외모로 변해 있을까를 생각해 보라. 나이보다 젊어 보이는 모습일까, 아니면 훨씬 들어 보이는 모습일까. 상상이 잘 안 된다면 주변의, 바라보기만 해도 한숨이 나오는 그런 외모와 체형을 가진 30대를 떠올려보라. 십중팔구 그 사람과 비슷하게 될 것이다.

그렇게 되기 싫다면, 30대에 들어서도 여전히 탄탄하고, 탄력 있고, 아름다운 육체를 갖고 싶다면, 실제 나이보다 열 살은 어려 보이는 그런 멋진 외모를 갖고 싶다면 오늘 당장 운동을 시작하라.

어렵게 시작할 필요는 없다. 일단 오늘 운동장 한 바퀴를 돌고, 훌라후프를 한 번 돌리고, 팔굽혀펴기를 한 번 하라. 그리고 매일 1회씩 늘려나가라. 그러면 한 달 뒤에는 운동장 30바퀴, 훌라후프 30번, 팔굽혀펴기 30번을 할 수 있다. 앞으로 10년간 딱 이 수치만 유지해 나가도 누구 못지않은 멋진 몸을 만들 수 있다. 한 마디로 티끌 모아 태산인 것이다. 그러니 지금 당장 운동화를 신고 밖으로 나가자. 태산이 될 티끌 하나를 만들어라.

다음으로 식습관을 점검해 보라.

밥, 채소, 과일, 차 위주의 식습관인가, 아니면 패스트푸드, 과자, 청량음료, 술, 담배가 주를 이루는 식습관인가.

만일 후자의 식습관을 갖고 있다면 운동의 효과가 반감될 것이다.

행동이 변화하려면 먼저 생각이 변해야 한다. 잘못된 식습관이 우리 몸에 얼마나 나쁜 영향을 미치는가를 알려주는 책이 도서관과 서점에 쌓여 있다. 최소한 20권은 읽어라. 20권 정도만 읽으면 식습관을 고칠 수 있다.

♣ 생각해 보자

프로 자동차 경주에 출전하겠다는 사람이 있다. 이 사람의 차는 최고급 기종이다. 그런데 이 사람이 자동차에 저질 휘발유를 주유하고 심지어는 폐유까지 주유한다. 그것도 매일 그렇게 한다. 또 경주 연습은 전혀 하지 않는다. 자동차 경주 대회날은 다가오는데 차는 거의 방치해 두고 있다. 고작 출퇴근길에나 사용할 뿐이다. 자동차 경주장을 매일 몇 시간씩 달려도 부족할 판에 말이다.

이 사람을 어떻게 생각하는가. 제정신이라고 생각하는가, 제정신이 아니라고 생각하는가.

이쯤에서 화살을 나에게로 돌려보자.

나는 자동차로 따지면 최고급 기종인 20대의 내 육체를 어떻게 대하고 있는가.

20대 초반의 일이다. 주변에 한 친구가 있었다. 금전출납부를 칼같이 쓰고, 신문 경제 기사를 꼼꼼히 챙겨 읽고, 은행 상품 정보에 정통하려고 노력하고, 경매 관련 공부를 하는 친구였다. 평일엔 한 시간 이상 경제 공부를 하고, 주말이면 무슨 부동산 세미나니 투자 강좌니 하는 것에 참여하는 친구였다.

　우리들은 그 친구를 만날 때마다 우르르 몰려가서 "뭐야? 짜식, 아직도 부자가 못 된 거야?", "오 도온, 미스터 도온, 우리에게 돈을 주세요!" 하면서 놀리곤 했다. 우리들의 눈에는 그 모든 게 장난처럼 느껴졌기 때문이다. 아마도 그 친구가 고등학교 때 공부를 비롯한 모든 면에서 어떤 특별한 노력을 하는 모습을 우리들에게 보여준 적이 없었기 때문에 그랬던 것 같다.

　세월이 흘러 우리들은 30대가 되었다. 지금 우리들 중에 그 친구를 비웃는 사람은 아무도 없다. 우리들은 집 한 채 갖고 있지 않지만,

그 친구는 벌써 집이 두 채나 되기 때문이다. 우리들은 이제야 경제의 중요성을 실감하고 초보적인 경제 공부를 시작했지만 그 친구는 주식, 선물, 환율 같은 것은 물론이고 전국의 부동산 정보까지 한눈에 꿰고 있는 베테랑 재테크맨이기 때문이다. 그 친구의 목표는 39세까지 15억을 모으는 것이라고 하는데 우리들 중에 그 목표의 실현 가능성을 의심하는 사람은 없다.

20대부터 경제 공부를 해야 한다. 많은 20대가 경제 공부는 목돈이 생기는 30대부터나 시작하는 것이라는 고정관념을 가지고 있다. 하지만 30대가 되면 너무 늦다. 30대는 자기 분야에서 승부를 내야 하는 시기다. 경제 공부에 쓸 수 있는 시간이 별로 없다.

직장 생활을 제대로 한 사람이라면 30대 초·중반에 5천만 원 정도를 모으기 마련이다. 그런데 같은 5천만 원이라도 재테크를 어떻게 하느냐에 따라서 1억 원이 되기도 하고 5억 원이 되기도 한다. 20대부터 경제 공부를 시작한 사람이라면 5천만 원을 1억 원 이상으로 손쉽게 불릴 수 있지만, 그렇지 않은 사람은 기껏해야 몇십만 원 내지는 몇백만 원을 불릴 수 있다. 아니 투자를 잘못해서 5천만 원을 순식간에 날려버리는 일이 비일비재하다.

많은 20대가 대학을 다닐 때는 학점만 잘 따면 된다고 생각하고, 직장에 들어가서는 직장 생활만 잘 하면 된다고 생각한다. 경제 활동 같은 문제는 부모님께 맡겨둔다. 하지만 그런 삶은 20대의 삶이라고 할 수 없다. 형태만 다를 뿐 실제로는 고등학교 때와 똑같이 살고 있기 때문이다.

진정한 20대라면 집안을 책임지겠다는 각오로 경제 활동을 본격적으로 시작해야 한다. 구체적인 예를 들자면 다음과 같다.

1. 재테크 관련 서적을 분야별로 최소한 20여 권 이상은 읽어야 한다.
2. 은행 상품에 관한 정보 정도는 한눈에 파악할 수 있어야 한다.
3. 경제 신문과 경제 전문 잡지를 각각 하나 이상 구독해야 한다.
4. 주택 매매 계약서 정도는 작성할 줄 알아야 한다.
5. 부동산 관련 법 정도는 꿰고 있어야 한다.
6. 경매 관련 법 역시 잘 알고 있어야 한다.
7. 수표 및 어음법에 대해서도 알고 있어야 한다.
8. 주식 거래 정도는 할 줄 알아야 한다.
9. 합법적으로 세금 적게 내는 방법 정도는 알고 있어야 한다.
10. 언제든지 자문을 할 수 있는, 재테크에 정통한 사람을 한 명 정도는 알고 있어야 한다.

♣ 오늘은……

오늘은 경제 활동을 시작하는 날이다.

먼저 돈의 소중함을 체험해 보라. 반나절이라도 시급 아르바이트를 해보라. 종이봉투접기나 본드로 상표붙이기같이 일한 양에 따라 돈을 계산해 주는 아르바이트라면 더욱 좋다. 아르바이트를 마치고 보수를 받으면 그 동안 별로 대단치 않게 여겼던 천 원짜리 한 장이 얼마나 벌기 힘든 것인가를 깨닫게 된다. 그 깨달음을 절대로 잊지 않아야 한다. 그대를 경제적인 인물로 변화시키는 불씨가 되어줄 것이기 때문이다.

이어서 도시의 전경이 한눈에 들어오는 높은 곳에 올라가 온 도시를 빼곡하게 채운 빌딩들을 쳐다보라. 그리고 그 모든 빌딩에 주인이 있다는 것을 생각해 보라. 오늘 그대는 하루를 꼬박 소비하고 몇천 원 내지 몇만 원을 벌었다. 하지만 빌딩의 주인들은 전혀 일을 하지 않고도 몇십만 원 내지 몇백만 원을 번다. 그 차이를 비교해 보라. 세상이 너무나도 부조리한 곳으로 느껴질 것이다. 하지만 다름 아닌 바로 내가 이런 부조리한 세상에서 죽을 때까지 살아야 한다는 것을 생각해 본다면 하루라도 빨리 경제 능력을 가져야겠다는 깨달음이 저절로 생길 것이다. 깨달음의 열기가 식기 전에 행동을 개시하라.

경제 일간지와 경제 전문 잡지 구독 신청을 하라. 서점이나 도서관에 들러서 재테크 관련 서적을 살펴보고 앞으로 1년간의 도서 목록을 작성하라. 무엇보다 먼저 경제 지식을 제대로 쌓아야 효과적인 경제 활동을 할 수 있다.

금전출납부를 구입하고, 부동산 · 경매 · 절세 · 수표 · 어음에 대해 쉽게 쓰여진 책을 구입하라. 금전출납을 기록하고, 무슨 일이 있어도 각 책을 하루 5페이지 이상 읽어라. 인터넷에 접속해서 경제 관련 사이트나 경제 관련 카페 혹은 클럽 등에 가입하라. 경제 활동의 고수들을 만나라. 그들에게 배워라.

돈이 사람을 행복하게 해줄 수는 없다. 하지만 사람을 예기치 못한 불행에 빠뜨릴 수는 있다. 예를 들면 교통사고를 일으켰을 때 합의금이나 공탁금을 지불할 능력이 없다면 예기치 못한 옥살이를 해야 한다. 또 병원비를 지불할 능력이 없는 경우를 생각해 보라.

오늘부터 경제 공부를 시작하라. 돈이 없음으로 인해 생길 수 있는 온갖 불행을 피할 수 있을 것이다.

♣ 생각해 보자

자기 시간이 생기면 어떤 20대는 텔레비전 시청이나 인터넷 게임, 친구들과 술마시거나 수다떨기 같은 비생산적인 일에 쓰고, 어떤 20대는 경제 공부 및 경제 활동을 하는 데 쓴다. 친구나 선배도 경제적인 배움을 주고받을 수 있는 사람을 사귄다.

10년 뒤 전자의 수중에는 아무것도 남지 않게 된다. 반면 후자의 수중에는 전자의 상상을 초월하는 금융 지식과 금융 인맥과 금융 자산이 남는다.

단지 여유 시간을 어떻게 사용하느냐에 따라서 이런 차이가 생겨난다.

제10일 베푸는 삶을 살라

　이 책은 성공 법칙을 가르치는 책이다. 이 책에 쓰인 대로 생활하면 누구나 황금 같은 성공을 거둘 수 있다. 하지만 지금 말하는 이 한 가지 원칙을 실천하지 않는다면 그 성공은 하지 않느니만 못한 것이 될 수 있다.

　"베푸는 삶을 실천하라."

　진정으로 성공하는 삶을 살고 싶다면 베푸는 삶을 살아야 한다. 나의 성공을 다른 사람들과 함께 나눠야 한다. 기부하는 삶, 사회에 환원하는 삶을 살라는 것이다.

　사회에서 성공하기 위해, 또는 부자가 되기 위해 자기를 개혁하면서 사는 것은 대단히 안타까운 일이다. 그것은 사람의 삶이 아니다. 물질의 노예로 사는 삶이다. 물론 나는 이 책 전체에 걸쳐서 사회에서 성공하는 법에 대해서 이야기하고 있다. 하지만 내 메시지의 진정한 의도는 사회적 성공 그 너머에 있는 고귀한 가치에 있다. 바로 거대하게 베풀 수 있는 능력을 갖춘 사람이 되라는 것이다.

나는 세상에서 가장 아름다운 삶은 머더 테레사 수녀 같은 삶이라고 생각한다. 하지만 모든 사람이 머더 테레사가 될 수는 없다. 또 머더 테레사처럼 살 수 있는 사람이라면 지금 이렇게 책을 읽고 있진 않을 것이다. 그 사람은 이미 세상을 버리고 가난한 사람들을 섬기며 살고 있을 것이다.

머더 테레사 같은 삶 다음으로 아름다운 삶은 자기 변화로 이룩한 거대한 성취를 세상과 나누는 삶이라고 생각한다. 예를 들면 빌 게이츠 같은 삶이다. 알다시피 빌 게이츠는 10대 시절 문제아였다. 그러나 20대에 자신을 변화시켰고, 30대에 세계적인 성취를 이루었다. 지금 그는 자신의 부를 아낌없이 나누면서 살고 있다.

많은 사람이 세상에 도움도 안 되고 세상의 도움도 받지 않는, 한마디로 자기 자신에게만 충실한 삶을 살고 있다. 물론 이런 삶이 나쁜 것은 아니다. 그러나 가치 있는 삶이라고는 할 수 없을 것이다.

가치 있는 삶을 살고 싶다면 20대에 베푸는 삶을 사는 사람으로 변화해야 한다. 기부와 봉사의 삶을 체계적으로 실천해야 한다. 그런 20대만이 먼 후일 자신의 삶을 돌아보고 따뜻한 미소를 지을 수 있을 것이다.

'기부는 돈을 벌고 난 뒤에나 할 수 있는 것 아닌가?' 하고 생각할 20대가 있을 것이다. 그러나 전혀 그렇지 않다. 중요한 것은 물질이 아니라 마음이기 때문이다. 단돈 천 원이라도 지속적으로 남에게 주는 삶을 살아라. 그래야만 성공하고 난 뒤에 아낌없이 나누는 사람이 될 수 있다. 20대에 가져야 할 것은, 얼마나 많이 줄 것인가 하는 고민이 아니다. 나를 '나누는 체질'로 변화시키겠다는 마음가짐이다.

'나는 정말로 돈이 한 푼도 없는데 도대체 어쩌란 말인가?' 하고 푸념할 20대도 있을 것이다. 이런 사람은 시간을 기부하면 된다. 한 달에 하루 또는 일주일에 반나절이라도 시간을 내서 사회복지 시설에서 자원봉사자로 활동하면 된다. 어쩌면 이렇게 사는 삶이 진정한 나눔의 삶일 것이다.

우리는 이 세상을 떠나기 위해서 태어났다. 그 날이 언제일지 우리는 아무도 모른다. 그러나 그 날은 반드시 오고야 만다. 20대부터 나누는 삶을 사는 사람은 이 세상을 떠날 때, 참 맑은 미소를 지으면서 떠날 수 있을 거라고 나는 확신한다.

♣ 오늘은……

오늘은 기부의 삶을 실천하는 날이다.

통장이 있다면 잔고의 10%를 종교 단체나 사회봉사 단체로 송금하라. 10%가 어렵다면 1%를 송금하라.

지속적인 후원을 위해서 후원 계좌를 하나 이상 만들라.

휴대폰에 봉사 단체를 후원하는 전화번호를 한 개 이상 저장하라. 통화 버튼을 누르면 자동적으로 1,000원 이상이 후원되는.

후원이 필요한 종교 단체와 봉사 단체의 계좌번호나 전화번호는 인터넷이나 지하철에서 무료로 배포되는 『섬기는 사람들』 같은 책자를 통해 쉽게 알 수 있다.

하늘의 법칙을 이해하라. 하늘의 법칙이란 자신의 것을 기쁘게 나누는 사람은 하늘이 그 이상으로 갚아준다는 법칙이다. 말로만 들으면 이해하기 어려울 것이다. 그러나 오늘부터 지속적으로 기부하는 삶을 살아가면 이 법칙을 생활로 체험하게 된다. 그리고 깨닫게 된다. 이 세상이 물질로만 이루어진 게 아니라는 것을. 인간의 행동에 인격적으로 반응하는 어떤 초자연적인 존재가 분명히 존재한다는 것을. 이 사실을 깨닫는 순간부터 그대는 마음속에서 기쁨, 평화, 안정, 평온, 안도 같은 긍정적인 감정을 주도적으로 경험하게 될 것이다.

기부 계획을 세워라. 아직 수입이 없는 20대 초·중반에는 매달 쓰는 돈의 1% 정도를, 적당한 소득이 생길 20대 후반부터 30대까지는 3~5% 정도를, 많은 돈을 벌게 될 40대부터 50대까지는 10~20% 정도를, 더 많은 돈을 벌게 될 50대 이후부터는 30~40% 정도를, 그리고 하늘로 돌아가는 그 순간에는 50~100%식으로 평생에 걸쳐 실천할 기부 계획을 세워라.

나이가 들면 돈을 많이 벌지 못하게 될 텐데 하는 식으로 내가 제시한 계획을 부정적으로 대하지 않기를 바란다. 이 책을 읽고 이 책에서 말하는 플랜대로 자기 변화를 이룩하는 20대라면 나이가 들어갈수록 점점 더 많은 부를 얻게 될 테니까. 그러니 긍정적으로 받아들여라. 더 나아가 내가 제시한 것보다 더 멋진 기부 계획을 세워라.

오늘은 그대를 주는 체질로 바꾸는 날이다.

♣ 생각해 보자

초등학교 때 스크루지 할아버지가 나오는 동화를 한 번쯤은 읽어 보았을 것이다. 그때 스크루지 할아버지를 어떻게 생각했는가. 나라면 그렇게 살지 않을 텐데, 가난한 사람들에게 내 것을 많이 나누어 주면서 살 텐데 하면서 안타까워하고 답답해했다. 심지어는 자린고비라며 경멸하기까지 했다.

그 시선을 오늘의 나 자신에게로 돌려보라.

어쩌면 나는 여태껏 스크루지 할아버지처럼 살아온 것은 아닌지, 그것을 생각해 보라.

제 5 부

20대의 인간 관계를
변화시키는 10일 플랜

자신과의 관계를 새롭게 변화시켜라

세상에는 60억 명이 넘는 사람들이 있다. 이 중에서 인간 관계를 가장 잘 맺어두어야 할 사람은 자기 자신이다.

세상의 그 누구도 내 길을 대신 걸어갈 수 없고, 내 문제를 대신 짊어질 수 없다. 부모, 친구, 애인, 선배, 동료들은 소중하기 이를 데 없는 사람들이다. 하지만 이들은 내 삶의 관객에 불과하다. 물론 이들이 내 삶의 선택에 영향을 미칠 수는 있다. 부모의 경우 일정 기간 내 삶의 선택을 대신 해줄 수도 있다. 하지만 책임은 전적으로 나의 몫이다. 아무도 나의 책임을 대신 져줄 수 없다.

탄생부터 죽음까지, 아니 죽음 이후의 시간까지도 나와 함께할 존재는 인간 중에서는 나 자신밖에 없다. 그런데 우리들은 이토록 소중한 자기 자신을 홀대하는 경향이 강하다.

"난 너를 믿어. 난 네가 좋아. 난 너와 함께할 수 있어서 참 행복해."

"넌 할 수 있어. 넌 네 꿈을 충분히 이룰 수 있어."

"네가 성공하든 실패하든 나는 항상 네 편이야. 나는 네가 소중하고 사랑스러워."

하루에도 몇 번씩 자신에게 위와 같은 말을 해주는 사람이 과연 얼마나 있을까. 대신 사람들은 하루에도 몇 번씩 자신에게 다음과 같은 말을 던진다.

"이런 바보!"

"네가 항상 그렇지!"

"정말 너라면 지긋지긋해!"

"왜 이렇게 한심한 거야!"

"넌 왜 저 사람처럼 될 수 없는 거지? 네 꼴을 좀 봐. 넌 정말 구제불능이야."

사람은 자기가 대접받은 대로 대접하는 법이다. 그대 안의 '자기 자신'이라는 사람 역시 마찬가지다. 그대가 대접하는 대로 대접한다.

만일 그대가 자기 자신과 사랑과 존중을 기반으로 하는 긍정적인 인간 관계를 맺으면, 그대 안의 '자신' 역시 그대를 존중하고 사랑한다. 그대가 어려움에 처할 때마다 분명한 목소리로 "넌 이 위기를 헤쳐나갈 수 있어. 넌 잘 할 수 있어!"라고 말해 준다. 그대를 성공으로 이끌어준다.

그러나 그대가 자기 자신과 무시와 비난 위주의 부정적인 인간 관계를 맺으면, 그대 안의 '자신' 역시 그대를 무시하고 비난하게 된다. 그대가 어려움에 처할 때마다 저승 같은 목소리로 "아아, 넌 이미 틀렸어", "안 돼. 넌 끝장이야"라고 말한다. 그대를 실패로 이끌게 된다.

10대 때는 내 안의 '자기 자신'을 그저 자각하고만 살았다. 내 안의 또다른 나와 인간 관계를 맺는다는 것은 생각조차 못했다. 그래서 늘 나 자신이 힘들었다.

20대인 지금은 '자기 자신'조차도 제대로 느끼지 못하면서 살고 있을 것이다. 대학생은 학점 취득과 취직 공부에 치여서, 직장인은 직장 생활에 적응하느라. 하지만 과연 그게 현명한 삶일까. 또 나 자신과 긍정적인 인간 관계도 맺지 못할 정도로 바쁘게 살고 있을까. 아닐 것이다.

자기 자신을 제대로 보라. 그는 천사도 악마도 아니다. 내 안에 있는 인간이다. 선과 악 사이에서 끊임없이 갈등을 일으키는, 사랑과 용서와 이해에 목말라하는 인간이다. 도덕적이지 못하다고, 늘 똑같은 실수를 반복한다고, 생각이 깊지 못하다고, 남보다 잘 하지 못했다고 비난받기에 앞서 "괜찮아. 힘을 내. 다음부턴 잘 할 수 있어!"라는 격려를 받아야 건강하게 성장할 수 있는 존재다.

자기 자신을 있는 그대로 바라보라. 그리고 자기 자신과의 관계를 새롭게 창조하라.

때로 내 안의 나는 내가 다스리거나 극복해야 하는 '대상'이다. 하지만 동시에 나의 관심과 사랑을 받아야 하는 '존재' 다. 자기 자신을 대할 때마다 이것을 기억한다면 자기 자신과 새로운 인간 관계를 맺을 수 있다.

♣ 오늘은……

오늘은 나 자신과 새로운 관계를 맺는 날이다.

그 동안 맺어온 부정적이고 비인격적인 관계를 청산하고 긍정적이고 인격적인 관계를 창조하는 날이다.

대접하는 대로 대접받는다는 인간 관계의 황금률은 나 자신과의 관계에서도 예외가 아니다. 나 자신과 적이 되고 싶지 않다면 내가 먼저 나 자신의 아군으로 변화해야 한다.

노트를 펼치고 그대의 단점과 장점을 나눠서 적어라. 작업이 끝나면 이번에는 그 동안 살아오면서 겪은 성공과 실패, 그대가 했던 좋은 일과 나쁜 일을 나누어서 적어라. 단점과 실패와 나쁜 일이 너무 많다면 그 중에서 가장 대표적인 것 열 가지만 적어라.

다 적었으면 단점과 실패와 나쁜 일이 적힌 종이를 찢어라. 그리고 불태워버려라. 이어서 앞으로는 영원히 나의 장점과 성공 경험과 내가 했던 좋은 일만 생각하면서 살아가겠다고 맹세하라.

관점이 변하면 관계가 변한다. 정말 보기 싫었던 사람의 좋은 점이 갑자기 눈에 들어왔을 때, 그 사람이 좋아지게 된 경험은 누구나 있을 것이다. 자기 자신과의 관계 역시 마찬가지다. 나쁜 점을 보면 나

뻔 관계가 형성되고 좋은 점을 보면 좋은 관계가 형성된다.

나의 장점과 성공 경험과 살아오면서 한 좋은 일을 워드 프로세서로 쓰고 출력하여 코팅하라. 오늘뿐 아니라 앞으로도 지속적으로 보기 위해서. 코팅한 종이를 오늘은 백 번 이상, 내일부터는 열 번 이상 큰 소리로 읽어라. 그러면 자기 자신을 보는 관점이 서서히 긍정적으로 변화하게 된다. 어쩌면 이런 방법이 상당히 유치하게 느껴질 수도 있을 것이다. 하지만 실제로 해보면 전혀 그렇지 않다.

나에게 나 자신을 긍정적으로 바라볼 수 있는 동기를 지속적으로 부여하는 것, 이것이 자신과의 관계를 인격적인 관계로 변화시키는 최선의 방법이다.

♣ 생각해 보자

수십 년 전 노르웨이라는 나라에 한쪽 다리를 저는 20대 화장실 청소부 한 명이 있었다. 오늘날 그는 '노르웨이 라면왕'이라 불리며 사람들에게 기쁨과 행복을 전파하며 살고 있다. 2005년에는 노르웨이 국왕으로부터 '위대한 노르웨이인 상'을 받기까지 했다.

그는 대체 어떻게 이처럼 놀라운 자기 변화를 이룰 수 있었을까?

그가 쓴 책 『노르웨이 라면왕 미스터 리 이야기』를 읽어보면 자기 자신을 긍정적으로 바라보는 태도가 원동력이었음을 알 수 있다.

책 속에서 그는 이렇게 말하고 있다.

"화장실 청소부를 했다니까 어떤 분은 '이 사람 참 비참했겠구나'

할지 모르겠다. 하지만 자신 있게 말하건대 한 번도 비참하다거나 슬프다고 느껴본 적이 없다. 그래서 일하러 다닐 때도 항상 즐겁게 웃고 다녔다. 왜냐하면 나는 화장실을 청소하는 일만 하려고 이 세상에 온 사람이 아니니까. 결국은 내가 원하는 일을 하게 되리라고 확신했다."

"자신 있게 말하건대 내 외모에 만족한다. 특히 '배'는 내가 가장 흡족스러워하는 부분이다."

"스스로 밝고 행복한 사람은 누구도 함부로 대하지 못한다. 오히려 즐겁고 공손하게 상대하려고 한다. 결국 사람은 자기가 어떻게 하느냐에 따라서 저마다 다른 대접을 받는다는 것이다."

"자신에 대한 믿음만큼 큰 힘은 없다."

제2일 셀프리더로 변화하라

인류 역사의 위대한 스승들은 인간의 삶의 방식에 대해 서로 다른 해석을 내놓았다. 하지만 인간의 내면 세계가 현실 세계에 미치는 영향에 대해서는 동일한 의견을 내놓았다. 그들은 이구동성으로 이렇게 말했다. "현실 세계는 내면 세계의 반영에 불과하다." 이를 다른 말로 바꾸면, "사회에서의 인간 관계는 자기 자신과 맺는 인간 관계의 연장선에 불과하다"는 것이 될 수 있다.

자기 자신과의 관계가 다른 사람들과의 관계를 결정한다. 그리고 사회에서의 성공과 실패를 결정한다. 자기 자신을 통제하지 못하는 사람은 다른 사람도 통제하지 못하고, 자기 자신을 부정적으로 대하는 사람은 다른 사람도 그렇게 대하기 마련이다. 이런 사람의 주위에는 인재가 몰리지 않는다. 따라서 큰일을 할 수 없다. 그저 평생 남의 밑에서 안전이나 도모하면서 살아야 한다. 반면 스스로의 리더가 되어서 '자기 자신'이라는 내부의 인간을 이끄는 사람 곁에는 인재들

이 구름처럼 몰린다. 이런 사람은 나는 그저 조용히 살고 싶을 뿐이라며 손사래를 쳐도 주위 사람들이 합심해서 리더의 자리에 올려놓는다.

그렇다면 어떤 사람들이 후자일까? 20대 때부터 '나는 나 자신의 리더가 되겠다'는 목표를 세우고 평생에 걸쳐 이를 실천하는 사람들이다.

자기 자신을 리드하는 일에 재능을 가지고 태어난 사람은 아무도 없다. 자신을 이끄는 능력은 철저히 후천적으로 습득되는 것이다. 대표적인 예가 간디와 링컨이다. 두 사람은 본래 다른 사람은커녕 자기 자신조차도 리드하지 못했다. 간디는 절도와 음주를 했고 허영과 위선에 가득 찬 삶을 살았다. 링컨은 자살하고 싶은 유혹에 시달리는 청년기를 보냈다. 하지만 오래지 않아 외부 세계는 내면 세계의 반영에 불과하다는 사실을 깨닫고 자기 자신을 리드하려고 노력하기 시작했고, 수십 년 후에는 국가와 민족뿐 아니라 세계와 역사까지 리드하는 사람이 되었다.

20대부터 자기 자신의 리더가 되는 노력을 전개해야 한다. 10대 때는 공부하느라 바빠서 자기 자신을 돌아볼 여유조차 갖지 못했다. 물론 20대 역시 10대 못지않게 바쁘다. 하지만 그렇다고 10대 때처럼 자기 자신을 방치하고 살아선 안 된다. 시간을 만들어서 자기 자신과 만나야 한다. 자기 자신과 수많은 대화를 나누고, 인격적인 관계를 깊이 쌓아나가야 한다. 그래야만 30대부터 성공적인 삶을 살 수 있다.

10대는 '혼자'만 생각해도 되는 때다. 아니 '혼자'만 생각하기에도 벅찬 때다. 그러나 20대는 '우리'를 생각해야 하는 때다. 설령 여전히 '나 혼자'만 생각하기도 어렵고 벅찰지라도 일부러 무리를 해서라도 '우리'를 생각해야 하는 때다. 왜냐하면 10년 뒤에는 부모가 되기 때문이다. 그리고 직장에서 팀을 이끄는 사람이 되기 때문이다.

많은 부모가 자식을 통제하지 못하고 끌려다니거나, 정신적으로 괴롭히고 학대한다. 일부러 그러는 게 아니라 자기도 모르게 그렇게 한다. 자기 자신과 맺고 있는 관계의 틀을 자식에게 적용하기 때문이다. 그 결과 자녀는 물론이고 부모 자신의 삶까지 불행하게 만든다.

또 많은 사람이 부하 직원들에게 따돌림을 받고 산다. 자기 마음을 통제하지 못해 마음에 드는 부하 직원만을 편애하고 그렇지 않은 부하 직원은 사무적으로 대하거나 함부로 대하기 때문이다. 부하 직원들의 헌신적인 지원을 받지 못하니 실적이 평범할 수밖에 없다. 오래지 않아 도태될 수밖에 없다. 이 역시 자기 자신과 맺고 있는 관계의 틀을 자기도 모르게 다른 사람들에게 적용함으로써 나타나는 현상이다.

반면 자녀를 적절히 통제하면서 자녀와 아름다운 관계를 맺고 사는 부모들이 있다. 생물학적 부모를 넘어 정신적인 부모로 성장한 사람들이다. 또 부하 직원들의 열렬한 지지와 신뢰를 받는 사람들이 있다. 부하 직원을 자기 자신처럼 아끼고 사랑하는 사람들이다. 이런 사람들의 공통점은 자기 자신을 통제할 줄 알고, 사람들을 인격적으로 대한다는 것이다. 자기도 모르게 자신과 맺고 있는 관계의 틀을 가족이나 부하 직원에게 적용하게 된 결과, 이상적인 가정을 꾸리게 되고 직장에서 나날이 승승장구하게 된다.

세상의 좋은 일치고 저절로 이루어지는 일은 아무것도 없다. 자기 자신을 리드하는 사람으로 변화하는 것 역시 마찬가지다. 끝없는 결단과 멈추지 않는 노력을 통해서만 이룰 수 있다.

♣ 오늘은……

오늘은 나 자신의 리더로 변화하는 날이다.

모든 변화가 그렇듯이 셀프리더로 변화하는 것 역시 나의 믿음에 달려 있다.

내가 나 자신의 리더가 될 수 있다고 믿으면 그렇게 될 것이다.

내가 나 자신의 리더가 될 수 없다고 믿으면 그렇게 될 것이다.

내가 나 자신의 리더가 되었으면 좋겠다고 믿으면 언제나 그런 바람만 갖게 될 것이다.

그러니 마음을 열고 자신의 가능성을 믿어라.

내 안에 있는 투덜대고 궁시렁거리는 습관, 사소한 피해도 참지 못하고 소리부터 지르고 보는 습관, 불안해하는 습관, 걱정하는 습관 등 나쁜 습관을 향해 이렇게 선언하라. "나는 이제 너희들과 함께하지 않겠다."

그리고 역시 내 안에 있는 모든 일을 감사와 기쁨으로 받아들이는 습관, 나보다 남을 더 생각하는 습관, 밝은 웃음으로 사람들을 대하는 습관, 미래를 믿는 습관 등의 좋은 습관들을 향해 이렇게 선언하라. "나는 언제나 너희들을 선택하겠다. 어떤 일이 있어도 그렇게 하겠다."

그리고 실제로 오늘 하루를 마음의 좋은 습관을 따라 살아가라.

물론 이렇게 행동하는 것은 무척 어려울 것이다. 나의 가능성을 믿는 것보다는 그렇지 않은 것이, 마음의 좋은 습관을 실천하는 것보다는 나쁜 습관을 실천하는 것이 훨씬 더 유혹적일 것이다. 또 그대는 그 유혹 앞에서 수없이 무너질 것이다. 어쩌면 오늘 당장 최소한 몇 번은 넘어질 것이다.

하지만 그때마다 다시 일어나라. "나는 할 수 있어. 나는 다시 도전할 거야. 반드시 나 자신의 리더가 될 거야!"라고 외치면서. 그러면 그때마다 힘을 얻게 될 것이다. 실패를 좀더 빨리 극복하고 달릴 수 있는 힘을.

이런 훈련을 몇 년 간 계속하면 그대는 실패가 불러오는 부정적인 감정을 단 1분 만에 털어내고 다시 밝게 웃으면서 도전하는 사람으로 변화할 것이다. 셀프리더가 될 것이다.

♣ 생각해 보자

세상의 모든 화원은 한 송이의 꽃에서 시작한다.

세상의 모든 집은 하나의 벽돌에서 시작한다.

세상의 모든 산은 한 줌의 흙에서 시작한다.

세상의 모든 바다는 한 방울의 물에서 시작한다.

그리고 세상의 모든 관계는 그대 안의 한 사람에서 시작한다.

제3일 부모와의 관계를 새롭게 변화시켜라

20대는 부모의 존재가 현실적으로 다가온다. 공부에 방해가 될까 봐 내 인생에 거의 개입하지 않았던 10대 때의 그 부모가 아니다. 20대의 부모는 나의 인생에 개입한다. 그것도 직접적으로. 물론 자녀의 인생에 개입하지 않는 부모들도 있다. 하지만 이런 경우는 자녀의 의지를 존중해서라기보다는, 자녀가 자신의 뜻에 반하는 일 없이 생활하기 때문에, 즉 개입의 필요성을 못 느끼기 때문에 그러는 경우가 일반적이다.

20대가 부모의 의지에 반하는 선택을 하면 부모는 자녀의 인생에 개입한다. 그것도 보통 강압적으로. 부모가 원하지 않는 직업을 선택하거나 부모가 원하지 않는 결혼 상대를 선택하는 경우가 대표적이다. 그 결과 많은 20대가 부모에게 실망하고 마음의 벽을 쌓는다. 그것도 아주 높이. 부모와 거의 원수처럼 지내는 20대도 적지 않다.

게다가 20대에는 부모의 허물이 눈에 쉽게 들어온다. 아버지는 이제 더는 영웅이 아니고 어머니 역시 그렇다. 내 부모가 자기 중심적이고, 권위적이고, 고루하며, 시대에 뒤떨어진 사고방식의 소유자라는 사실과 거기에 더해서 어쩌면 내가 싫어하는 유형의 어른일지도 모른다는 우울한 깨달음은 사회에서 생활하는 시간이 많아질수록 내 의식의 한 귀퉁이를 집요하게 물고늘어진다.

부모에 대한 환상이 깨짐, 부모에게 크게 실망함, 부모에게 깊은 상처를 받음, 부모와 적이 됨……. 20대라면 누구나 한 번쯤 겪게 되는 시련이다. 물론 이런 시련을 한 번도 겪지 않고 20대를 보내는 사람들도 있다. 이 경우는 부모가 말 그대로 천사라든지, 아니면 그가 부모가 바라는 삶을 살고 있든지, 그것도 아니면 그가 정신적으로 여전히 10대이기 때문일 것이다.

부모 때문에 힘들다며 상담을 요청해 오는 20대 동생들에게 나는 다음과 같이 말해 준다.

"네가 부모님 때문에 힘든 것은 당연한 거야. 20대의 관계 관념으로 대해야 할 부모님을 여전히 10대의 관계 관념으로 대하고 있기 때문이지. 쉽게 말해서 너는 이제 부모님께 주어야 할 나이가 되었는데도 여전히 부모에게 받으려고만 하기 때문에 그런 힘겨움이 생겨나는 거야."

스무 살은 인생의 혁명이 시작되는 때다. 이때를 기점으로 한 사람의 인생은 완전히 바뀐다. 부모와의 관계에서도 혁명이 일어난다.

생각 있는 20대라면 새로운 관계 관념을 가져야 한다. 성숙한 효도를 시작해야 한다. 지난 20년간 부모에게 무한히 받은 사랑과 이해와 인내와 수고와 헌신을 매일 감사하라. 비록 평생 돌려드린다 해도 그 백만분의 일도 갚지 못하겠지만, 이제부터 돌려드려야 하는 나이가 되었다는 사실을 깨달아라. 그리고 성숙한 효도를 실천하라.

부모는 현실 세계에서 만나는 또다른 자기 자신이다. 부모 입장에서는 내가 부모의 분신이겠지만, 내 입장에서는 부모가 나의 분신이다.

자신을 넘어서는 사람만이 새로운 자신을 창조할 수 있고, 변화된 삶을 살 수 있다. 그리고 내 안에 있는 자기 자신은 내 밖에 있는 자기 자신, 즉 부모를 정신적으로 넘어선 사람만이 넘어설 수 있다.

부모가 내 마음을 아프게 할수록 오히려 감사하는 마음으로 부모를 껴안아라.

부모가 내 뜻을 거절할수록 오히려 부모를 더욱 귀히 여겨라.

부모가 내 등에 무거운 짐을 지워줄수록 오히려 부모를 사랑하라.

부모가 내 앞길을 가로막을수록 오히려 밝게 미소지어라.

부모가 내 삶을 힘들게 할수록 오히려 큰 힘을 내라.

이런 사람만이 진정으로 자기를 변화시킬 수 있고, 부모에게 진정으로 효도할 수 있다.

♣ 오늘은……

오늘은 다음 두 가지를 실천하라.

첫째, 이 세상에 태어나기 전의 일을 기억해 보라.

그대는 천국에 있었다. 그대는 신을 조르고 졸라 이 세상에 내려왔다. 그대는 신의 허락을 받아내기 위해 천국식 단식 투쟁까지 시도했다. 그대가 지상에 내려가기로 한 날이 가까워오자 신은 그대에게 세상의 모든 부모를 보여주면서 이렇게 말했다.

"자, 어디든 선택하여라. 네가 원하는 집으로 보내주마."

지상의 부모들을 찬찬히 살펴보던 그대의 얼굴이 점점 실망스러워지기 시작했다. 마음에 드는 부모를 발견할 수 없었기 때문이다. 태어나고 싶은 집을 발견하지 못하면 내려갈 수 없다는 천국의 법에 따라 그대의 지상행이 수포로 돌아가려는 찰나, 어둠 속의 별처럼 그대의 가슴속에 들어와 박힌 두 사람이 있었다. 그대의 부모였다. 신의 활에 의해 지상으로 쏘아져 내려가면서 그대는 온 우주와도 바꿀 수 없는 기쁨과 환희를 맛보았다.

여기까지가 그대가 태어나기 전의 일이다. 우화를 이야기하고 있는 게 아니다. 안타깝게도 세상의 모든 사람들이 태어나는 순간 망각해 버린 진실을 이야기하고 있다. 내가 부모를 선택해서 태어났다는 사실을 깨달으면 삶에 혁명이 일어난다. 생각이 변하고 행동이 변하고 운명이 변한다.

윈스턴 처칠이 대표적인 예다. 그는 10대에 실패로 점철된 삶을 살았다. 부모 때문이었다. 아버지는 성병이 원인이 된 정신이상자였고, 어머니는 집을 나가서 다른 남자와 동거를 하고 있었다. 아버지는 정신이상 증세를 보일 때마다 처칠을 세워놓고 "너는 내 인생의 찌꺼기"라고 말했고, 어머니는 아예 모자 관계를 끊고 살았다.

처칠은 이 모든 고통을 자기를 파괴하는 행위로 해소했다. 그는 자신을 전교 꼴찌, 왕따, 자살 충동에 시달리는 사람으로 만들었다. 그러던 어느 날 처칠은 불현듯 자신이 부모를 선택해서 태어났다는 사실을 깨달았다. 부모가 자신에게 상처 주지 않는 삶을 살아야 하는 게 아니라 자신이 부모에게 상처 주지 않는 삶을 살아야 한다는 사실을 깨달았고, 부모가 자신의 삶을 변화시켜 주어야 하는 게 아니라 자신이 부모의 삶을 변화시켜야 한다는 사실을 깨달았다.

20대의 처칠은 눈부시게 달라진다. 그는 사관학교를 우수한 성적으로 졸업하고, 리더십이 뛰어난 지휘관이 되고, 정계에 입문해서 스타 정치가가 되고, 어머니를 정숙한 여인으로 변화시킨다.

둘째, 부모 두 분 모두 이 세상에 안 계실 먼 미래를 상상해 보라.

마음속의 시계를 30년 혹은 40년 후로 돌려보라. 아마도 그대는 혼자만의 공간에서 부모를 생각하면서 구슬프게 울고 있을 것이다. 때때로 그럴 것이다. 그대의 가장 간절한 소망은 '딱 한 번이라도 부모님의 얼굴을 보았으면, 부모님의 목소리를 들었으면' 일 것이다. 부모가 없을 그때, 그대는 진정한 자식이 될 것이다. 부모가 세상에서 가장 소중한 존재라는 사실을 뼈저리게 깨닫는. 너무 비참한 상상인가? 아니, 엄연한 현실이다. 부모를 떠나보낸 모든 사람들이 늘 만나게 되는. 먼 미래에 그대 역시 오늘의 이런 상상을 현실로 만나게 될 것이다.

상상 의식을 마친 뒤에 부모를 바라보라. 간섭하고 규제하고 억압하는 부모의 모습마저도 눈물나게 귀하고, 가슴 찡하도록 감사하고, 꽃보다 아름답게 여겨질 것이다. 바로 이게 진정한 효도의 시발점이다. 부모가 살아 있다는 사실 하나만으로 그저 입이 헤 벌어지도록 행복해지는데, 부모를 기쁘게 해드리기 위해 무얼 못하겠는가.

오늘은 위의 두 가지를 실천하라. 진심으로 온 마음을 담아 상상하라. 태어나기 전의 과거와 30년 혹은 40년 후의 미래가 눈에 실제로 보이고 몸에 직접 느껴질 정도로.

♣ 생각해 보자

세상의 모든 실질적인 힘은 부모와 같은 연배의 사람들이 쥐고 있다. 쉽게 말해서 부모 연배와의 관계를 어떻게 풀어나가느냐에 따라 나의 성공과 실패가 결정된다고 할 수 있다.

어떻게 하면 부모 연배들을 나를 도와주고 싶어서 안달하는 사람으로 만들 수 있을까? 방법은 간단하다. 내 부모를 나만 보면 정신을 잃을 정도로 행복해하는 사람으로 변화시키면 된다. 내 말이라면 돌로 젤리를 만들었다고 해도 의심치 않는 그런 분들로 변화시키면 된다. 그러면 부모 연배의 마음을 휘어잡을 수 있는 능력도 저절로 생겨난다.

그렇다면 어떻게 부모를 변화시킬 수 있을까? 방법은 간단하다.

내가 먼저 부모를 보면 정신을 잃을 정도로 행복해하는 사람으로 변화하면 된다. 내가 먼저 부모의 말이라면 돌로 젤리를 만들었다고 해도 믿는 그런 사람으로 변화하면 된다.

제4일 진정한 친구가 되어라

　나는 "아무나 사귀지 마라. 진정한 친구를 사귀어라"라는 말이 본래 다음 의미였다고 생각한다.

　"친구에게 '아무나'로 인식되는 사람이 되지 마라. 친구가 세상 모든 사람은 나를 버려도 이 친구만은 나를 버리지 않을 거라고 확신하는 그런 인격의 소유자가 되어라. 진정한 친구를 찾으려는 노력은 그만두고 네가 진정한 친구가 되어라. 그러면 세상 모든 사람이 너의 진정한 친구가 될 것이다."

　부끄럽게도 나에게는 아직 진정한 친구가 없다. 물론 나에게도 수많은 친구가 있었다. 고교 시절에는 인기투표 1위를 차지할 정도로 친구들이 많았고, 20대 초 · 중반에는 대략 100여 명이 넘는 친구가 있었다.

　어리석게도 나는 나의 기쁨을 함께 나누고, 나의 고민을 함께해 주고, 나와 함께 울어주고, 방학 때면 텐트 속에서 3박 4일 함께 뒹굴면서 "친구야, 너 없으면 어떻게 살겠니!"라면서 서로 가슴 찡한 고백을 나누었던 친구들을 진정한 친구라고 생각했다. 그런데 지금은 그 친구들을 그냥 '친구'로 생각한다.

나에게 진정한 친구가 필요한 적이 있었다. 그래서 나는 내 옆에 '진정한 친구'라는 자리를 마련해 놓았다. 그 자리는 나에게는 감동 그 자체인 자리였지만, 친구들에게는 희생 그 자체인 자리였다. 결론을 말하자면 100여 명이 넘는 친구들 중에서 진정한 친구의 자리로 올라온 사람은 한 명도 없었다. 물론 친구로서 해줄 수 있는 일은 모두가 나서서 해주었다. 그러나 그때 나에게 필요했던 것은 '친구'가 아니었다. 나를 위해 자기 자신마저도 버릴 수 있는 '진정한 친구'였다.

그렇다고 내가 친구들을 탓할 수는 없다. 당시의 내가 친구들에게 했던 기대가 터무니없는 것이었음을 잘 알고 있기 때문이다. 내 자신이 먼저 친구들에게 진정한 친구가 되어준 적이 한 번도 없었고, 그때 당시는 물론이고 차후로도 진정한 친구가 되어줄 생각이 전혀 없었으면서 그런 기대를 했다는 것 자체가 잘못된 것이었다.

물론 20대에는 그렇게 생각하지 않았다. 나만은 다를 거라고 생각했다. 그러나 '친구를 위해 대신 신용불량자가 될 수 있는가?', '친구를 위해 대신 감옥을 갈 수 있는가?', '친구를 위해 사랑하는 사람을 포기할 수 있는가?', '친구를 위해 부모의 동의 없이 우리 집의 재산을 줄 수 있는가?' 같은, 진정한 친구가 되기 위해 필요한 질문

앞에서 허풍만 칠 뿐, 행동은 하나도 하지 못하는 나 자신을 발견하면서 착각을 점점 교정하게 되었다. 정신을 차리고 나 자신을 바로 보게 되었다.

그렇다고 내가 미래에 진정한 친구를 얻지 못할 거라고는 생각하지 않는다. 진정한 친구를 얻기 위해서는 나 자신이 먼저 진실한 인격을 가진 사람으로 변화해야 한다는 사실을 이해하고 있기 때문이다. 그리고 부족하나마 나 자신을 그런 사람으로 변화시켜 나가는 노력을 하고 있기 때문이다. 나는 나의 미래를 매우 밝게 보고 있다.

아직 10대의 인간 관계 개념을 넘어서지 못한 대부분의 20대는 친한 사람은 전부 친구라고 생각한다. 그리고 그들과의 관계가 영원히 지속될 거라고 생각한다. 그러나 30대에 들어서면 내가 '친구라고 착각하고 있는' 친구와 말 그대로 '친구' 인 친구와 '진정한' 친구가 있음을 알게 된다. 그리고 지난 10년간 살아오면서 친구라고 생각했던 수많은 사람과 연락이 끊겼음을 깨닫게 된다. 또 친구에게는 친구 이상의 무엇, 즉 진정한 친구가 되어줄 것을 요구할 수 없다는 것도 알게 된다. 안타깝지만 이게 바로 20대에 자기 자신을 누군가에게 진정한 친구가 되어주는 존재로 변화시키지 못한 사람들이 만나게 되는 현실이다.

너무 현실적인 이야기만 한 것 같다. 이쯤에서 세상에는 진정한 친구를 가진 사람들도 있다는 사실을 밝혀두고 싶다. 그렇다. 세상에는 진정한 친구를 가진 사람들이 존재한다. 20대에 '친구' 와 '진정한 친구' 의 차이점을 분명하게 깨닫고 자기 자신을 누군가에게 진정한 친구가 되어주는 존재로 변화시킨 사람들이다. 이런 사람들은 친구와 가족 이상의 깊은 정신적 유대감을 나눈다. 그리고 친구를 생각할 때마다 이 세상에 태어나기를 참 잘했다고 느낀다. 혹시 내게 불행한 사건이 일어나 먼저 세상을 떠나게 되어도 친구가 있으니 안심이라고 느낀다. 친구가 내 가족을 책임져 줄 거라고 느낀다. 혼자서 '생각' 하거나 '믿는' 게 아니다. 친구의 진정한 우정을 온 마음으로 '느낀다'.

20대부터 자기 자신을 진실한 인격을 가진 존재로 변화시키는 노력을 시작하는 사람만이 진정한 친구를 만날 수 있다.

♣ 오늘은……

친구들을 믿고 정신 없이 살던 한 20대가 아버지의 명에 따라 돼지를 넣은 자루를 메고 친구들을 찾아다니면서 "사람을 죽였으니 나를 좀 숨겨주게"라고 사정하지만 자신을 숨겨주는 친구를 한 명도 만나지 못한다는 줄거리의 우화를 한 번쯤은 들어보았을 것이다.

내 기억에 따르면, 이 우화는 아버지가 자신의 친구를 찾아가 아들과 똑같은 부탁을 하고, 친구는 아버지를 숨겨주고, 그 모습을 지켜본 아들은 진정한 친구에 대한 개념을 깨우치게 되어 아버지와 아버지의 친구, 아들, 이렇게 셋이서 돼지를 잡아 잔치를 벌이면서 끝나는 것으로 알고 있다.

나는 말하고 싶다. 다름 아닌 바로 이 우화가 그대 안에 잘못된 친구 개념을 만들었다고. 무슨 말인가 하면 이 우화에는 진정한 친구를 얻기 위해 들인 아버지의 노력이 생략되었다는 뜻이다. 오늘은 이 우화를 4차원적인 시각으로 바라보라. 진정한 친구를 얻은 아버지의 과거를 생각해 보라는 것이다.

철모르는 10대도 아니고 세상 물정 모르는 20대도 아닌, 살인자를 숨겨주면 자신 역시 전과자가 되어 그 동안 이루어놓은 모든 것이 하루아침에 물거품이 되어버릴 수 있다는 사실, 즉 감옥에 가게 되니까 직장에서는 당연히 해고될 것이고 이로 인해 가족들은 삽시간에 극빈층으로 전락할 수 있다는 사실을 너무나 잘 알고 있는 한 집안의 가장으로 하여금 아무런 대가를 바라지 않고 그 모든 것을 포기할 수 있게 한 아버지의 보이지 않는 힘에 대해 생각해 보라. 어쩌면 아버지는 친구를 위해 대신 감옥에 가는 정도의 희생을 몇 번은 족히, 그것도 아무런 대가를 바라지 않고 기쁘게 치렀을지도 모른다. 아니 분명히 그랬을 것이다.

우리가 친구들을 향해 한 번쯤 던져보는, '이 친구들 중에 과연 누가 나의 진정한 친구일까?' 라는 질문을 나 자신에게 던져보라. '나는 과연 친구들에게 진정한 친구인가?'

♣ 생각해 보자

영국의 수상을 지낸 윈스턴 처칠과 페니실린을 발명한 알렉산더 플레밍 박사의 우정은 20세기의 가장 위대한 우정 가운데 하나로 불린다.

플레밍 박사가 처음 페니실린을 발명했을 때, 당시 의학계는 페니실린을 환자의 몸에 직접 주사하면 쇼크로 사망할 거라고 했다. 그 결과 아무도 임상 실험 대상자로 나서지 않아 플레밍은 천신만고 끝에 발명한 신약을 그대로 폐기 처분해야 할 위기에 처하게 되었다.

그때 마침 수상 처칠이 폐렴에 걸렸다. 처칠은 기꺼이 페니실린 임상 실험 대상자로 자원했다. 모두가 "우정도 좋지만 만일 당신이 죽는다면 국가는 어떻게 할 것인가!" 하며 강압적으로 말렸지만 처칠은 그 모든 반대를 일축하고 "내가 아니면 누가 친구를 위해서 몸을 내주겠는가!"라며 플레밍에게 몸을 맡겼다. 다행히 페니실린을 맞은 처칠은 폐렴을 거뜬히 이겨냈고, 플레밍은 신약의 효과를 인정받아 노벨의학상을 수상하게 되었다.

시계를 과거로 돌려보자. 한 소년이 급류에 휘말려 떠내려가고 있었다. 소년은 거의 익사 직전이었다. 급류가 두려운 나머지 어른들도 발만 동동 구르고 있었는데, 갑자기 한 소년이 물 속으로 뛰어들었다. 그리고 목숨을 걸고 소년을 구해냈다. 물에 빠진 소년은 윈스턴 처칠, 그를 구해낸 소년은 알렉산더 플레밍이었다.

가슴을 뒤흔드는 이성에게 도전하라

20대의 가장 위대한 화두는 사랑이다. 20대는 누구나 진정한 사랑을 꿈꾼다. 그러나 막상 결혼식장에서 만나게 되는 현실은 전혀 다르다. 진정으로 꿈꾸었던 사람과 결혼하는 20대는 찾아보기 어렵다. 말 그대로 적당히 사랑하는 사람과 결혼하는 게 보통이다.

결혼의 시작이 이러하니 둘이 함께하는 생활에 긴장감이나 애틋함이 있을 리 만무하다. 상대방을 행복하게 하기 위해 죽을힘을 다해 노력해야 할 필요성을 서로 느끼지 못하니 결혼 몇 해를 못 넘기고 권태기에 접어들고 만다.

20대에는 누구나 꿈꾸던 사람을 만나게 되지만 그냥 지나쳐버리고 만다. 거절당할 게 분명하다고 생각해서 마음을 열어 보일 엄두조차 내지 못한 채 그냥 그렇게 보내버리고 만다. 나는 이것이 20대가 저지를 수 있는 가장 큰 실수라고 생각한다.

20대에는 무슨 일이 있어도 첫눈에 내 심장을 멎게 만든 바로 그 사람을 내 사람으로 만들어야 한다. 물론 그 사람은 십중팔구 그대를 거절할 것이다. 어쩌면 상대조차 해주지 않을지도 모른다. 몇 번을 도전해도 똑같을 수 있다. 그 결과 그대는 인간으로서 겪을 수 있는 가장 큰 고통 중의 하나를 겪게 될 것이다. 많은 20대가 단지 눈길 하나만으로 내 존재의 심연까지 흔들어놓는 바로 그 사람을 눈앞에 두고도 무관심한 태도로 일관하는 까닭은 이 같은 사실을 직감적으로 알고 있기 때문이다.

그러나 그럼에도 불구하고 그대는 도전해야 한다. 단 몇 번에 그치는 게 아니라 그 사람이 그대의 무릎을 붙잡고 "언제 내 마음을 몽땅 다 가져갔니. 난 이제 너밖에 없다. 너 없으면 난 죽는다!"라고 고백할 때까지 그렇게 해야 한다. 왜냐하면 남녀 관계에 불가능이란 없기 때문이다. 끝까지 사랑으로 도전하면 결국 이루어지기 때문이다.

스토커가 되라는 말이 아니다. 스토킹은 사랑이 아니다. 누군가를 소유하고 싶어하는 병적인 욕망의 구체적인 발현에 불과하다. 나는 사랑의 도전을 하라고 말하는 것이다. 사랑의 도전은 가르침이다. "여기 당신을 진정으로 사랑하는 한 사람이 있습니다. 그러나 당신은 아직 마음의 눈을 뜨지 못해 내 사랑의 진실을 바로 보지 못하고 있습니다. 당신이 사랑에 눈을 뜨도록 해드리겠습니다. 당신이 만날 수 있는 가장 운명적인 사랑은 당신을 진정으로 사랑하고 있는 나라는 사실을 깨닫게 해드리겠습니다. 그 사실을 깨달을 때 당신은 세상에서 가장 행복한 사람이 될 것입니다. 나는 당신을 행복하게 해주기 위해서 세상에 태어났습니다." 이렇게 자신의 진정한 사랑의 깨달음을 상대방에게 베푸는 것이다. 즉 나를 위한 사랑이 아닌 너를 위한 사랑을 하는 것이다.

이런 위대한 사랑 앞에 감히 끝까지 저항할 수 있는 마음이 존재한다고 생각하는가? 감히 말하건대 '없다'.

20대에는 위대한 사랑을 해야 한다. 몇 번 도전해 보고는 차였다고 믿고 금세 포기해 버리는 그런 사랑은 10대의 사랑이다. 몇 번 도전은커녕 아예 처음부터 안 될 거라고 생각하고 시도 자체를 하지 않는 그런 사랑은 차라리 무생물적 사랑이다.

진정한 사랑의 힘을 믿고 도전하라.

그대 안에서 고동치는 심장 소리가 그대 안에서만 들리게 하지 마라. 그대의 두 눈을 멀게 한 바로 그 사람 안에서도 동일한 크기로 울리게 하라.

지레 겁먹지 마라. 지레 움츠러들지 마라. 지레 포기하지 마라. 진정한 사랑은 눈부신 용기요, 티끌 한 점 없는 활달함이요, 끝까지 손을 내미는 불굴의 의지다.

마음 깊은 곳에 똬리를 틀고 있는 소유의 욕망을 버려라. 그 사람의 모든 것을 아름답게 향유하면서, 그 사람의 행복을 위해 존재하는 사람으로 그대를 변화시켜라.

내가 너에게 다가가는 것은, 내가 너를 사랑하는 것은 나를 위해서가 아니라 오로지 너를 위한 것임을 이해시켜라.

감히 쳐다보는 것조차 허락되지 않을 것 같던 그 사람이 그대를 행복하게 하기 위해 자신의 전 존재를 거는 사람으로 변화할 것이다.

♣ 오늘은……

오늘은 첫눈에 내 가슴을 뒤흔든, 그러나 차마 가까이 가지 못한 바로 그 사람에게 사랑의 가르침을 베푸는 날이다.

사랑의 가르침은 말이 아니다. 느낌이다. 상대방은 아직 준비도 되지 않았는데 무턱대고 "너를 사랑해"라고 말하는 것은 나를 위한 사랑이다. 너를 위하는 사랑은 상대방으로 하여금 나에게 "너를 사랑해"라고 고백하게끔 만드는 한 차원 높은 사랑이다.

오늘은 사랑의 느낌을 창조하는 첫번째 날이다.

지금 당장 그 사람이 있는 곳으로 가라. 그리고 그대를 알려라. 단 간접적으로 알려야 한다. 직접적으로 알리는 것은 부담만 주게 될 가능성이 높다. 알리는 방법은 그대가 생각해 내야 한다. 누군가가 가르쳐준 방법을 따라 하면 부자연스럽고 호감을 주기 어렵다. 나의 존재를 알리고 싶다는 마음을 버리고, 대신 내 마음을 뒤흔든 사람을 세상에서 가장 행복한 사람으로 만들어주기 위한 첫번째 행동을 개시한다는 마음을 가지면 저절로 방법이 떠오를 것이다. 그리고 그대가 군이 노력하지 않아도 자연스럽게 그 사람에게 신선한 호감을 주게 될 것이다. 이게 바로 느낌의 창조다.

그 사람이 나를 만난 것을 행운으로 생각할 때까지 지속적으로 느낌을 창조할 계획을 세워라. 물질적인 계획은 전혀 필요하지 않다. 중요한 것은 이벤트가 아니라 마음의 감동이기 때문이다. 나를 예수 그리스도 같은 절대 사랑의 인물로 변화시킬 마음의 계획을 세워야 한다. 그러기 위해서는 먼저 그 사람을 내 사람으로 만들고 싶다는 마음 자체를 버려야 한다. 이러한 마음은 너를 위하는 사랑을 방해한다.

다음으로 나는 이 사람을 행복하게 해주기 위해서 태어났다는 마음을 가져야 한다. 이 사람을 만나기 위해서, 혹은 사랑하기 위해서 태어났다는 마음은 버려야 한다. 전자는 그대로 하여금 무한히 주는 진정한 사랑을 실천하게 만들지만 후자는 준 만큼 받고 싶게 만드는 감각적인 사랑의 길로 이끈다.

마지막으로 진정한 사랑에 불가능은 없다는 믿음을 가져라. 이러한 사실을 진실로 믿으면 어떤 사랑도 반드시 이루어진다. 세상의 모든 일이 그렇듯이 사랑 역시 가장 강력한 방해물은 의심하고 두려워하는 내 안의 또다른 자신이다.

위의 세 가지 마음으로 다가가면 내 사람으로 만들지 못할 이성이란 세상에 한 명도 없다. 지금 이후로 그 사람이 마음속에서 떠오를 때마다, 그 사람에게 다가갈 때마다, 그 사람과 가까워질수록 위의 세 가지를 되새기고 또 되새기겠다고 다짐하라. 그리고 실제로 그렇게 해라.

♣ 생각해 보자

누군가에 대한 특별한 감정을 속으로만 간직한다면 사랑이 이루어 질 가능성은 언제나 제로다.

그러나 그것을 표현하면 가능성은 50%로 늘어난다.

그리고 끝까지 사랑으로 도전하면 가능성은 100%가 된다.

사랑을 표현하는 것을 두려워하는 20대가 있고, 사랑을 표현하는 것을 두려워하는 것을 두려워하는 20대가 있다.

거절당하는 것을 두려워하는 20대가 있고, 거절당하는 것을 두려워하는 것을 두려워하는 20대가 있다.

몇 번 거절당하면 포기하는 20대가 있고, 포기하는 것을 포기하는 20대가 있다.

전자는 자기 가슴에 들어와 박힌 별을 별똥별로 만들지만, 후자는 더 크고 화려한 천체로 만들어 상대방의 가슴에 새겨 넣는다.

그토록 바라던 사람과 드디어 사귀게 된 사람이 있었다. 그러나 채 일 년이 못 되어 헤어지고 말았다. 그 사람의 단점을 받아들일 수 없었기 때문이었다. 아니 그 사람의 단점을 단점이라고 생각했기 때문이었다.

오래지 않아서 그 사람은 또다시 한눈에 자신을 사로잡은 사람을 만나게 되었다. 그러나 역시 일 년이 못 되어 헤어지고 말았다. 이번에도 같은 이유였다.

수많은 고민과 분석과 묵상 끝에 그는 자신이 사랑에 실패한 이유를 깨닫게 되었다. 바로 사랑에 대한 오해 때문이었다. 사랑이란 불완전한 누군가를 완벽하게 사랑하는 것인데, 완벽한 사람을 완벽하게 사랑하는 거라고 오해했던 것이다. 그 자신도 이루 말할 수 없이 불완전한 존재이면서.

나를 위하는 사랑이 아닌 너를 위하는 사랑으로 다가가면 제아무리 높아 보이는 상대라도 내 사람으로 만들 수 있다.

문제는 그 다음이다. 사귀기 전에는 완벽 그 자체로 느껴졌던 사람이 알고 보니 내가 가장 싫어하는 성격, 또는 내가 가장 받아들이기 어려운 단점, 또는 내가 절대로 납득하기 어려운 사고방식을 가진 사람이라는 사실을 발견하게 되기 때문이다.

상대방을 깊이 사랑하는 사람일수록 상대방 내면의 가장 깊은 곳까지 들어가게 마련이고, 거기서 이기심·탐욕·교만·거짓 같은, 다른 사람은 몰라도 이 사람만은 절대로 갖고 있지 않을 거라 확신한, 그러나 인간이라면 누구나 갖고 있는 안타까운 결점들을 만나게 된다. 생각 있는 사람은 사귀면서 알게 되고 생각 없는 사람은 결혼하고 나서야 비로소 알게 되는, 가장 사랑하는 사람 사이의 인간 관계 즉 남녀 관계의 진실이라고 할 수 있다.

그 사람만 보면 행복해지기 때문에, 너무 기뻐서 눈앞이 다 캄캄해지기 때문에, 구름 위를 날아다니는 것 같은 기분이 들기 때문의 '때문에'가 감정적 사랑이라면, 비록 그 사람에게 이런 실망스러운 점이 있지만 그럴수록 더욱, 이런 받아들이기 어려운 점이 있지만 그럴수록 더욱 같은 '그럴수록 더욱'은 정신적 사랑이라고 할 수 있다.

과학자들의 의견에 따르면 감정적 사랑은 뇌하수체 호르몬 분비에 따른 현상 이상도 이하도 아니라고 한다. 그리고 이 뇌하수체 호르몬 분비 현상은 평균적으로 길어야 3년 이상을 넘기지 못한다고 한다.

뇌하수체 호르몬 분비 현상의 피해자가 되고 싶지 않다면, 내 가슴을 뒤흔든 사람과 영원한 사랑을 주고받고 싶다면, 감정적 사랑을 정신적 사랑으로 승화시켜야 한다. 신이 이 사람을 만나게 한 것은 이 사람의 좋은 점만을 보고 즐기라는 것이 아니라, 나쁜 점 역시 감싸 안고 사랑해 주라는 의미임을 깨달아야 한다. 누군가의 특별한 면에 빠져드는 것은 그에게 호감을 가진 사람이라면 누구나 할 수 있지만, 누군가의 특별하지 못한 면에도 빠져드는 것은 사랑하는 사람만이 할 수 있는 것임을 깨달아야 한다.

20대에 사랑하는 사람과 맺는 인간 관계는 결혼 생활의 성패뿐 아니라 자녀 교육의 성패까지 좌우할 수 있다. 감정적 사랑을 승화시키지 못한 두 사람은 긍정적인 감정과 부정적인 감정 사이를 오르내리는 불안정한 결혼 생활을 하게 될 것이고, 그 피해는 고스란히 자녀에게 돌아가게 될 것이다. 반면 정신적 사랑으로 승화시킨 두 사람은 감정을 넘어선 진정한 사랑으로 결합할 것이다. 성공적인 결혼 생활은 물론이고 자녀 역시 인격적인 존재로 키우게 될 것이다.

20대에는 사랑하는 사람과 정신적인 관계를 맺어야 한다.

♣ 오늘은······

오늘은 사귀는 사람과 '사랑의 헌장'을 작성해 보자.

사랑의 헌장은 두 가지 규칙으로 구성되어 있다.

규칙 제1조는 "우리는 서로를 '그럴수록 더욱' 사랑한다"이다. 규칙 제2조는 "어떤 상황에서도 규칙 제1조를 실천한다"이다.

규칙을 적었다면 그 밑에 표를 하나 만들어라.

상대방이 나한테 잘못한 점, 상대방이 반드시 고쳐야 한다고 생각하는 점, 상대방의 너무 싫은 버릇, 상대방의 걱정스러운 점 등을 표의 왼쪽에 써라.

표의 오른쪽에는 내가 생각하는 해결책 내지 대안점을 써라.

표를 완성했다면, 두 사람은 아직 감정적 사랑의 단계에 머물러 있는 상태다. 정신적 사랑으로 승화된 단계라면 이런 표를 만들어보라는 나의 제안 자체가 귀에 들어오지 않을 것이기 때문이다.

두 사람은 고귀한 의지를 발휘해서 정신적 사랑의 단계로 넘어가야 한다.

펜을 들어서 표의 오른쪽에 적힌 해결책 또는 대안점 위에 전부 가위표를 하라. 그리고 가위표 위에 빨간색으로 이렇게 써라. "내가 사랑해야 할 점", "내가 이해해야 할 점", "내가 예뻐해야 할 점".

사랑의 헌장을 다시 만들어라. 규칙 2개를 적고 다시 표를 만들어라. 표의 왼쪽 상단에 "내가 매일 감사해야 할 점", "내가 매일 칭찬해야 할 점", "내가 매일 행운으로 여겨야 할 점"이라고 쓰고 그 밑에 상대방의 장점을 적어라. 표의 오른쪽 상단에는 "내가 사랑해야 할 점", "내가 이해해야 할 점", "내가 예뻐해야 할 점"이라고 쓰고 그 밑에 상대방의 단점을 적어라.

다 작성했으면 그것을 자기 자신에게 수여하라. 상대방이 아니다. 자기 자신이다. 상대방 앞에서 사랑의 헌장을 낭독한 뒤 기쁜 얼굴로 나 자신에게 수여하라.

그리고 오늘부터 지켜라. 사랑의 헌장에 적힌 대로 상대방의 단점을 사랑으로 바라보고 그 단점마저 사랑하기 시작하라. 그렇게 그대의 사랑을 상대방의 감정을 넘어 상대방의 이성 그리고 영혼까지 확장시켜라.

물론 서로는 앞으로도 끝없이 실수하고, 다투고, 싸우게 될 것이다. 그러나 사랑의 헌장을 잊지 않는 한 그럴수록 두 사람의 사랑은 더욱 깊어질 것이다.

오늘 사랑의 헌장을 만듦으로써 두 사람은 시간이 흐를수록 더욱 깊어가고, 더욱 깊은 의미를 더해가는 정신적 사랑의 길로 들어가게 된다.

♣ 생각해 보자

지상 낙원이라고 불러도 손색이 없을 만큼 아름다운 숲에 도착한 두 사람이 있었다.

한 사람은 세상만사를 잊고 숲의 아름다움에 빠져들었다. 마치 취한 사람처럼 하루하루를 살았다. 지상 낙원의 행복을 만끽하는 것이 차라리 삶의 목표일 지경이었다.

다른 한 사람 역시 그렇게 살았다. 그러나 그는 조금 달랐다. 지상 낙원 같은 곳이기에 영원히 머무를 수 있는 집을 지어야 한다고 생각했다. 그는 틈틈이 수고스러운 노동을 했고 마침내 예쁜 집을 지었다.

어느 날 숲에 비가 쏟아졌다. 뼛속까지 얼어붙게 만드는 차가운 겨울비였다. 다음날 한 사람은 얼굴이 하얗게 질려서 숲을 떠났다. "이런 곳일 줄은 꿈에도 몰랐어!"라는 비탄의 말을 남긴 채. 동상에 걸린 발을 질질 끌면서. 반면 다른 한 사람은 "역시 이곳에 자리잡길 잘했어. 봐, 겨울 풍경이 예술이잖아!"라면서 기쁨에 가득 찬 소리를 질렀다. 그는 막 집을 나서는 중이었다.

사랑하는 두 사람 사이에도 비가 뿌리고 돌풍이 불고 얼음이 생긴다. 그때마다 감정적인 사랑은 "네가 이런 사람일 줄은 꿈에도 몰랐어!"라고 말하고, 정신적인 사랑은 "역시, 널 만나길 잘했어. 이런 모습마저도 너무 사랑스럽잖아!"라고 말한다.

사랑의 시작은 감정에서 비롯되지만 사랑의 지속은 정신에서 비롯된다.

제 **7** 일 인간 관계가 깨진 이성과의 관계를 회복하라

　학교나 직장 또는 다른 공동체에서 생활하다 보면 나는 아닌데 내게 관심을 표명하거나 고백해 오는 사람이 생길 때가 있다. 그런 경우 우리는 보통 직접적으로 혹은 우회적으로 거절을 한다. 그런데 다음날부터 황당한 일이 생긴다. 그 사람이 날 모른 체한다. 또는 노골적으로 부정적인 감정을 표출한다. 반대의 경우도 있다. 그 사람은 나에 대한 감정을 털어버리고 사심 없이 대하는데 나 혼자 부담을 느껴서 그 사람을 피하기 시작한다.

　내가 누군가에게 고백했다가 거절당할 때도 마찬가지다. 다음날부터 내가 일부러 모른 체하거나 나쁘게 대할 때가 있다. 또 나는 거절당한 감정을 털어버리고 사심 없이 대하는데 그 누군가는 내게 부담을 느껴 나를 피하기 시작한다.

　문제는 나의 의도와는 상관없이 상대방과 계속 마주쳐야 한다는 사실이다. 부담도 이런 부담이 있을 수 없다. 아니 차라리 고통이라는 표현이 적당할 정도다. 아마도 이 글을 읽고 있는 대부분의 사람들이 이런 관계를 하나쯤은 갖고 있을 것이다. 이 껄끄러운 관계를 어떻게 할 것인가?

답은 하나다. 개선해야 한다. 이전의 관계보다 더 좋은 관계로 돌려놓아야 한다. 어떻게 그럴 수 있을 것인가?

첫째, 내가 먼저 그 사람에게 다가가야 한다. 공동체 안에서든 밖에서든 그 사람과 직접 만나서 나도 그쪽도 본의 아니게 이런 부정적인 관계를 만들게 되었으니, 지난 일은 잊고 앞으로는 밝은 얼굴로 인사할 수 있는 좋은 선후배 내지는 동료가 되자고 말해야 한다. 보통의 경우 이 몇 마디 말만으로도 관계가 개선된다.

둘째, 다음날도 그 다음날도 그 다음다음날도, 즉 두 사람의 관계가 완전히 좋은 관계가 되기까지 내가 먼저 다가가서 인사하고 밝게 웃어주어야 한다. 커피를 챙겨주는 등 작은 관심을 보여주면 더욱 좋다. 처음 일주일이 가장 중요하다. 처음 일주일 동안 이 같은 노력을 게을리 하면 관계가 오히려 더 악화될 수 있다. 처음 일주일은 일부러라도 그 사람에게 다가가 밝게 웃어주어야 한다. 내가 그런 노력을 보일 때라야만 상대방이 나의 진심을 받아들이기 때문이다. 처음 일주일이 지나면 상대방 역시 사심 없는 미소로 나를 대하기 시작할 것이다. 그게 한 달이 되고 두 달이 되고 석 달이 되면 두 사람의 관계는 서로 가장 믿고 의지할 수 있는, 그야말로 오누이 같은 관계로 변화한다.

사회적 성공의 85%는 인간 관계가 좌우한다는 것이 이미 과학적으로 증명되었다. 자기 일만 잘 하는 것은 아무런 의미가 없다. 그런 사람은 탁월한 성과를 내고도 손가락질을 받는다. 인간 관계에 문제가 있는 사람이라는 낙인이 찍혀 중간 리더 이상의 자리로 올라가지 못한다. 중간 리더의 자리조차 위험해진다. 아랫사람들의 불평이 끊이질 않기 때문이다. 결국 왕따로 전락하는 경우가 비일비재하다.

나에 대한 안 좋은 소문은 냉정하게 따지자면 내 잘못이다. 나에 대해 부정적으로 반응하는 사람들을 관리하지 못했기 때문이다. 그런 사람들을 내 편으로 만들 수 있는 힘을 길러놓지 않았기 때문이다.

이런 힘은 20대에 길러야 한다. 직장에 들어가면 최소한 10년 이상은 일의 달인이 되는 데 전력을 기울여야 한다. 인간 관계를 변화시키는 힘을 기르고 있을 겨를이 없다. 하지만 10년 넘는 세월을 쏟아부은 대가로 겨우 성공의 문턱을 밟고도 부정적인 인간 관계를 변화시키지 못해 나락으로 떨어지는 그런 안타까운 스토리의 주인공이 되고 싶지 않다면 20대부터 부정적인 인간 관계를 변화시키는 힘을 길러야 한다.

다행스럽게도 부정적인 인간 관계를 변화시키는 가장 강력한 힘을 기를 수 있는 기회가 그대 앞에 있다. 그대에게 부정적으로 반응한, 또는 그대가 부정적으로 반응한 바로 그 사람을 찾아가라. 가서 손을 내밀어라. 그리고 변화시켜라. 새로운 세계가 열릴 것이다.

♣ 오늘은······

오늘은 가장 어려운 인간 관계에 도전하는 날이다. 그러나 마음을 편안하게 가져라. 친구를 만들러 가는 거니까. 나를 성장시키러 가는 거니까.

내가 거절한 사람, 나를 거절한 사람과의 인연은 그 자체만 생각한다면 부담스럽기 이를 데 없다. 하지만 인생 전체를 놓고 살펴본다면 귀하기 이를 데 없는 인연일 수도 있다. 왜냐하면 그런 사람을 만나기란 흔치 않기 때문이다.

비록 엇갈린 인연일지라도, 내게 진심을 보여주거나 또는 내가 진심을 보여줄 수 있는 사람을 만나기란 하늘의 별 따기처럼 어렵다. 인생 전체를 통틀어서 그렇다. 믿기지 않는다면 어른들에게 물어보라. 현명한 사람이라면 그 인연의 가치를 깨달아야 한다. 그리고 놓치지 말아야 한다. 무슨 수를 써서라도 사귀라는 의미가 아니다. 단지 마음을 주고받지 못했다는 이유로 나에게 진실했던, 또는 내가 진실했던 한 사람을 놓치지 말라는 의미다.

조금만 생각을 넓게 가지면, 조금만 긍정적인 시각을 가지면 얼마든지 다음과 같은 마음을 가질 수 있다.

'당신 때문에 내 마음을 거짓 없이 열어 보일 수 있었습니다. 그리고 짧은 시간이나마 참 행복했습니다. 이것만으로도 당신께 깊이 감사해야 할 이유가 됩니다.'

'당신은 내게 진실을 보여주셨습니다. 당신께서 나의 인격을 믿지 못했다면 그렇게 할 수 없었을 것입니다. 당신은 믿음과 용기가 있는 사람입니다. 내가 잠시나마 당신 안에 큰 자리로 존재했다는 사실을 영광으로 생각합니다.'

이렇게 마음을 감사와 기쁨으로 채우고 그 사람에게 가라. 이런 마음으로 다가갈 때에만 상대방의 닫힌 마음문을 열 수 있다. 아마도 그대는 그대가 지을 수 있는 가장 따뜻한 인사를 건네게 될 것이다. 그리고 내가 언제 이렇게 너그럽고 자상한 사람이었나 하는 생각이 들 정도로 대화를 부드럽고 다정하게 이끌어나가게 될 것이다.

내가 거절한 사람이라면 사과부터 해라. 내가 교만했던 사실을 인정하고, 앞으로는 학교 선후배로 또는 직장 동료로 깍듯이 대접하겠다고 약속해라. 나를 거절한 사람이라도 역시 사과부터 해라. 어차피 확률은 반반이라는 걸 잘 알면서도 내 뜻대로 되지 않았다는 이유 하나로 부정적으로 행동했던 것에 대해. 그리고 당신에게 고백할 수 있었던 사실 자체를 감사하게 생각한다고 말하고, 앞으로는 세상에서 가장 투명한 마음으로 당신을 대하겠다고 약속해라.

상대방이 나에게 과중한 부담을 느껴서 관계가 틀어진 경우라면 그 사람을 이해하고 공감하는 마음으로 다가가야 한다. 당신의 반응을 인간적으로 충분히 이해한다고 말하고, 앞으로는 서로 인사하고 안부라도 물을 수 있는 사이로 발전하자고 제안하라.

지금 바로 그 사람에게 가라. 그리고 도전하라. 인간 관계에 불가능이란 없다.

♣ 생각해 보자

세계 인구의 절반은 나와 다른 성(性)을 가진 사람들이다. 내 인간 관계의 절반은 좋든 싫든 나와 다른 성을 가진 사람과 맺어진다. 바꿔 말하면 이성과의 인간 관계를 어떻게 맺느냐에 따라서 인생의 성패가 갈라질 수 있다.

가정은 이성이 없으면 꾸릴 수 없다.

학교나 회사에는 이성 동기, 이성 선후배, 이성 교수, 이성 동료 사원, 이성 선후배 사원, 이성 상사가 넘쳐난다.

그리고 궁극적으로 나의 소득을 결정할 고객의 절반이 이성이다.

세상의 모든 이성과 사심 없는 인간 관계를 맺을 수 있는 힘, 감동시킬 수 있는 힘이 그대 안에 있다. 틀어진 이성 관계를 회복하라. 세상의 반쪽을 변화시킬 수 있는 힘을 얻게 될 것이다.

20대는 온 힘을 다해 위로 솟구쳐 올라가야 하는 때다. 일신우일신(日新又日新)하는 자세로 자기 세계를 확장시켜야 하는 때다. 단한 번밖에 허락되지 않은 젊음을 연료삼아 10대 시절 꿈꾸었던 곳보다 천 배 정도 높은 곳으로 미사일처럼 발사되어야 하는 때다.

그런데 20대의 비상 노력에 찬물을 끼얹는 사람들이 있다. 성공은 아무나 하는 게 아니라고 믿는 어른들이다. 그들은 20대에게 "너는 할 수 없다"라고 말한다. 세상이 네 생각처럼 만만한 곳이 아니니 그만 정신 차리라고 한다.

문제는 그들의 부정적인 말이 의외로 강력한 효과를 발휘한다는 것이다. 현실에 기초해서 내뱉어지는 그들의 말은, 꿈을 향해 질주하는 마차의 바퀴 나사를 느슨하게 만들고, 마침내는 마차를 전복시킨다.

물론 세상은 만만하지 않다. 그리고 성공은 아무나 할 수 없다. 하지만 인간의 의지 역시 만만하지 않다. 그리고 꿈을 가진 사람은 절대로 '아무나'가 아니다. 그는 특별한 사람이다. 포기하지만 않는다면 그는 반드시 성공한다.

세상에는 꿈을 향해 달려가는 20대의 발을 거는 어른들이 있는가 하면, 그런 20대의 등에 날개를 달아주는 어른들도 있다. 자기 분야의 정상에 서 있는 사람들이 후자다. 이들은 몸으로 알고 있다. 성공하는 게 쉽지는 않지만 그렇다고 어려운 것도 아님을. 불가능과 가능은 종이 한 장 차이임을.

20대에는 이런 어른들을 지속적으로 만나야 한다. 만나서 그들로부터 "뭘 망설이고 있는 건가? 가서 도전해! 하면 돼! 나도 자네 나이 땐 피라미였다구!" 같은 말을 두 귀로 직접 들어보라. 그때마다 그대 안에 있는 '꿈을 이루는 힘'이 무서운 속도로 자라날 것이다. 또 세상에 불가능은 없다는 사실을 그대의 온 존재로 믿게 될 것이다.

행사나 모임 같은 곳에서 간접적으로 만나는 것은 큰 도움이 되지 못한다. 직접 부딪쳐야 한다. 일대일로 만나서 그들의 에너지를 날것 그대로 집어삼켜야 한다. 물론 직접 만나기가 어려울 것이다. 아니 그대가 왔다는 사실을 알리는 것조차 어려울 것이다. 하지만 20대의 도전 정신으로 밀어붙여라. 20대의 열정과 패기가 통하지 않는 사람이란 없다.

자기 분야의 정상에 선 사람들은 하나같이 남다른 능력을 가진 사람들이다. 운이 좋아서 그 자리에 있는 게 아니다. 다른 사람들과 확연하게 구별되는, 그 사람만의 어떤 특별한 능력이 있어서 그 자리에 있는 것이다. 바로 그것을 배워야 한다.

성공하기 위해서는 어떤 사고방식을 가져야 하는지, 어떻게 행동해야 하는지, 인간 관계는 어떻게 맺어야 하는지, 당신보다 더 큰 꿈을 꾸고 있는 나에게 들려주고 싶은 말이 있다면 그것은 무엇인지 등에 관해 집요하게 질문하라. 그리고 그의 답변을 탐욕스럽게 섭취하라.

자기 분야의 정상에 선 사람 30명만 만나도 다음 두 가지를 얻을 수 있다.

첫째, 성공 법칙을 실천하는 힘을 얻을 수 있다. 성공한 사람들이 하는 말에는 공통점이 있다. 바꿔 말하면 그들이 이구동성으로 외치는 일관된 성공 법칙 몇 가지를 실천하지 않는다면 성공하기 어렵다고 할 수 있다. 물론 이 법칙은 책에도 쓰여 있다. 하지만 보통 책은 덮고 나면 그걸로 끝이라는 데 한계가 있다. 일대일로 직접 들으면 절대로 잊히지 않는다. 언제까지나 귓속에서 쟁쟁거린다. 나로 하여금 성공 법칙을 실천하지 않을 수 없게끔 만든다.

둘째, 성공한 어른들의 마음을 읽는 능력이 저절로 얻어진다. 성공한 어른들을 접하니까 당연한 결과다. 사회는 평범한 어른들이 아니라 성공한 어른들이 끌고 간다. 그런데 대부분의 20, 30대는 성공한 어른들의 마음을 읽으려는 노력을 전혀 기울이지 않는다. 사회에서 눈부시게 비상하는 20, 30대가 극소수인 또다른 이유다. 성공한 어른들의 마음을 읽을 줄 아는 20, 30대는 이미 성공 그룹에 속해 있다.

♣ 오늘은……

아무리 좋은 글을 읽어도 행동하지 않는다면 변화란 일어나지 않는다. 책을 덮고 밖으로 나가라. 그대가 살고 있는 도시의 가장 큰 건물을 향해 출발하라. 목적은 하나다. 그 건물에서 가장 높은 위치에 있는 어른을 만나는 것.

굳이 정장을 차려입을 필요는 없다. 면접을 보러 가는 게 아니니까. 오직 내면의 힘으로 부딪치고 극복할 각오를 하라. 그대를 성장시키는 것은 성공한 어른들의 말이 아니다. 그들의 말에 자극받을 그대 자신이다. 그대는 오늘 성공한 어른을 만나러 가는 게 아니라 자기 자신을 깨우러 가는 것이다.

그 어른이 자리를 비웠을 수도 있다. 만일 그가 오늘 안에 돌아온다면 기다려라. 그러나 그렇지 않다면 두번째로 큰 빌딩을 찾아가라. 어쩌면 비서가 들여보내주지 않을 수도 있다. 다음에 정식으로 약속을 잡고 오라고 할 수도 있다. 그래도 도전하라. 비서에게 만나야 하는 이유를 당당하게 밝히면서 거듭 요청하면 안에서 소리가 있을 것이고, 그러면 만나게 된다.

처음엔 그냥 이렇게 말하라. "어르신께서도 저 같은 때가 있었겠죠. 어떻게 지금의 자리에 오르게 되셨는지 그걸 배우고 싶습니다." 그러면 그 사람의 입에서 술술 나올 것이다. 꿈을 이룬 비결이.

그런데 그게 전부가 아니다. 진짜는 그 뒤에 숨어 있다. 그러니 곧바로 질문을 던져야 한다. 성공하기 위해서 가져야 할 사고방식과 행동방식 등에 대해. 집요할 정도로. 그러면 좀더 구체적인 이야기들이 쏟아질 것이다. 그것을 메모하라. 만일 즉석에서 메모하는 습관을 아직 갖추지 못했다면 녹음기를 준비하라. 물론 녹음하기 전에 정중히 허락을 구해야 한다. 대화를 마치고 집에 오면 메모나 녹음 테이프의 내용을 노트에 정리하라.

빌딩에 들어서기 전에는 '내가 왜 이런 짓을 해야 하나?' 하는 회의가 들 수도 있다. 너무 두려운 나머지 그냥 도망쳐 버리고 싶을 수도 있다. 하지만 그 두려움을 극복하고 도전하면 집으로 돌아오는 길에 "뭐야? 아무것도 아니잖아!"라든지 "이거 의외로 재미있네!" 같은 말을 하게 될 것이다. 어쩌면 오늘의 도전은 그대의 삶을 성공적인 삶으로 변화시키는 기점이 될 수도 있다. 그러니 즐겁게 도전하라. 휘파람을 불면서 기쁘게 도전하라. 그러면 두려움과 회의는 사라지고 대신 자신감과 여유가 생겨날 것이다.

눈 딱 감고 이런 도전을 열 번만 하면 처음엔 그토록 어렵게 느껴졌던 그 사람들이 그냥 평범한 아저씨처럼 생각될 것이다. 그런 느낌이 바로 힘이다. 성공을 어렵게 여기는 그대 안의 부정적인 사고방식을 변화시키고, 성공한 어른들의 마음을 읽는 능력을 갖게 해주는.

20대 때 내면에 이런 힘을 길러둔 사람은 30대에 세상의 성공한 어른들 모두를 말 한마디로 사로잡는 능력을 갖게 될 것이다. 그리고 그들의 눈에 들어 위로 올라가는 단계를 넘어서 그들보다 더 많은 것을 성취하는 사람이 될 것이다.

그러니 지금 당장 책을 덮고, 가라!

♣ 생각해 보자

30일 플랜을 순환적으로 실천하면 성공한 어른들을 한 달에 한 명씩 만날 수 있다. 1년이면 12명이고, 10년이면 120명이다.

반면 30일 플랜을 전혀 실천하지 않으면 20대의 10년 동안 단 한 명의 성공한 어른도 만나지 못하게 된다.

교육학자들의 말에 따르면 가장 강력한 학습 효과는 누군가에게 직접 가르침을 받을 때 나타난다고 한다.

20대에 120명의 성공한 어른들에게 직접 배운 사람과 그런 배움을 전혀 갖지 못한 사람의 30대를 비교해 보자.

세상에는 두 종류의 인간이 있다. 자기보다 힘이 약한 사람을 무시하는 사람과 존중하는 사람. 자기 분야의 정상에 선 사람들은 하나같이 후자의 성향을 가지고 있다.

사회에서 크게 성공한 사람들은 워낙 의지가 강한 사람들이니 인간 관계가 넓고 호방할 것이라고 생각하는 사람들이 많다. 그러나 의외로 좁고 섬세한 사람들이 대부분이다. 그들은 수많은 사람을 조금씩 아는 타입이기보다는 자기 옆에 있는 사람들, 특히 아랫사람들을 섬세하게 알고 있는 사람들이다.

그렇다면 그들의 광범위하면서도 탄탄하기 이를 데 없는 이른바 '알짜 인맥' 은 어떻게 생겨난 것일까? 입소문 덕택이다. 곁에서 함께 생활하면서 소위 감동을 받은 사람들이 신바람이 나서 퍼뜨린.

사회 생활을 하는 사람은 평균적으로 250여 명 정도와 직·간접적인 인간 관계를 맺고 산다고 한다. 만일 10명의 팀원을 거느린 사람이 카리스마적인 업무 능력을 발휘하면서도 팀원 모두를 받들고 섬기는 자세를 견지한다면, 그는 10명이 아니라 2,500명에게 호의적인 평가를 받을 수 있다고 한다. 물론 2,500명은 이론상의 숫자다. 하지만 아무리 못해도 100명 정도에게는 깊은 인상을, 1,000명 정도에게는 괜찮은 인상을 심어줄 수 있을 것이다. 1,000명이면 어마어마한 숫자다. 대한민국에서 화이트칼라 1,000명을 직원으로 두고 있는 조직은 흔치 않다. 팀장은 보통 30대가 한다. 30대에 이미 조직 구성원 거의 전체의 마음을 사로잡은 사람의 미래를 생각해 보라. 이런 사람은 '크게 성공한 미래'를 예약해 놓은 거나 마찬가지다.

우리 주변에는 안타깝게도 성공에 대해 바른 이해를 갖지 못한 어른들이 너무 많다. "무엇보다 겸손해라. 그런 사람이 최후의 승자가 된다"라고 말하는 어른보다는 "세상은 결국 나쁜 놈들이 성공하는 거야. 아랫사람한테서는 짜낼 수 있을 만큼 짜내고 윗사람한테는 간이라도 빼줄 듯 잘 하는"이라고 말하는 어른들이 더 많다. 후자의 말을 아무런 비판 없이 받아들이다 보면 자기도 모르게 아랫사람에게는 함부로 하고 윗사람 앞에서는 철저하게 굽실대는 환관형 인간 관계 마인드를 갖게 된다. 그리고 사회에 나가서 그렇게 행동하다가 실패한다.

성공이라는 계단은 하나의 다리로는 오를 수 없다. 윗사람의 인정과 아랫사람의 충성이라는 두 개의 다리가 있어야 오를 수 있다. 그런데 너무 많은 사람들이 윗사람의 눈에만 들려고 한다. 아랫사람에게 잘 하는 것은 그리 큰 관심이 없다. 그러니 사회에서 성공하는 사람이 그렇게 적을 수밖에.

성공은 탁월한 실적이 만든다. 아무리 윗사람에게 잘 보인다고 해도 탁월한 실적을 보이지 못하면 성공의 언저리조차 접근할 수 없다. 그렇다면 탁월한 실적은 누가 만들까? 바로 아랫사람들이 만든다. 내가 아무리 탁월한 기획을 내놓아도 아랫사람들이 혼신의 힘을 쏟아주지 않으면 탁월한 성과는 나타나지 않는다. 내가 하고자 하는 일에 아랫사람들이 200%의 마음을 쏟아줄 때 비로소 탁월한 실적이 나타나는 것이다. 20대에 자신보다 못한 사람들을 존중하고 사랑하는 마음을 가져야 하는 현실적인 이유다.

20대에는 누구나 교만해진다. 평범한 사람은 눈에 들어오지도 않고, 자기보다 못하다고 생각되는 사람은 코웃음을 치며 무시하기 일쑤다. 물론 그것은 20대만이 가질 수 있는 특권이기도 하다. 무엇보다 20대는 피가 들끓는 때니까. 가슴이 활활 타오르는 때니까.

하지만 남다른 30대를 맞이하고 싶은 20대라면 조금 다른 태도를 가져야 할 것이다. 평범한 20대들이 자기 잘난 맛에 취해 살 때, 자기를 낮추며 살아야 할 것이다. 나보다 못한 사람일수록 더욱 존중하고 섬기는 태도를 익혀야 할 것이다. 그런 20대만이 30대에 진정한 리더가 될 수 있다. 모두를 행복하게 하면서 성공하는 아름다운 사람이 될 수 있다.

♣ 오늘은……

오늘은 발걸음을 근처 초등학교 운동장으로 향하자. 과자를 한 아름 사들고.

운동장에서 아이를 만나게 되면 아이와 눈높이를 맞춘 뒤에 존댓말로 자신을 소개하라. "안녕하세요. 저는 스물다섯 살이고 이름은 ○○○예요." 그러면 아이가 같은 식으로 응수해 올 것이다. 일단 말문이 트이면 대화를 자연스럽게 이끌어갈 수 있다.

처음부터 끝까지 진지한 자세로 대화에 임하라. 그리고 반드시 존댓말을 써라. 대화를 마치면 낯모르는 어른에게 시간을 내준 것에 대해 진심으로 감사하라. 그리고 감사의 대가로 과자를 선물하라.

대화를 마치고 나면 아이가 '아이'로 보이지 않을 것이다. 나와 같은, 아니 어쩌면 나보다 훨씬 성숙한 인격을 가진 '인간'으로 보일 것이다.

열 명 이상의 아이와 이런 식으로 대화해 보라. 고민이 있다면 아이들에게 털어놓아보라. 믿기지 않겠지만 답을 얻을 수도 있다.

열 명 이상의 아이와 대화를 마치고 나면 그 동안 '초딩'이라는 표현을 아무 저항 없이 받아들이고 또 아무 생각 없이 사용했던 자신에 대해 부끄러움을 느끼게 될 것이다. 어쩌면 초등학교 아이들이 나보다 훨씬 나은 존재일 수도 있다는 생각이 들지도 모른다. 초등학교 교문을 나서는 순간 아랫사람을 인격적으로 대하는 태도가 마음밭으로 한 알의 씨앗처럼 심어지게 될 것이다.

다음으로 후배들을 만나서 먼저 밝게 인사를 해라. 후배들의 장점을 말해 주고 칭찬해 주어라. 몇몇 장난기 넘치는 후배들은 어쩌면 내 얼굴이 새빨개질 정도의 반응을 보일 수도 있다. 그래서 아랫사람을 존중하는 태도고 뭐고 다 내던지고 싶어질 수도 있다.

하지만 기억하라. 감정적으로 반응하면 자기 변화는 물거품이 되고 만다는 것을. 나의 미래 역시 사라지고 만다는 것을. 감정에 반응하지 말고 이성에 반응해라. 나는 후배들의 비위를 맞추기 위해 이런 행동을 하는 게 아니라 아랫사람을 존중하는 자세를 만들기 위해 이런 노력을 하고 있다는 사실을 명심해라. 후배들에게 영향을 받는 대신 후배들에게 영향을 미치도록 해라.

이어서 학교 안이나 직장 안의 소외된 분들, 이를테면 화장실을 청소해 주시는 분이나 수위분들께 먼저 인사하고 자기 소개를 하면서 이렇게 말씀드려 보라. "저희들을 위해 수고해 주시는 점 늘 감사하게 생각하고 있습니다. 앞으로도 계속 인사드리겠습니다." 그분들의 일을 거들어드리거나 어깨를 주물러드리면 더욱 좋다.

이 일을 다 마치고 나면 괜히 기분이 좋아질 것이다. 가슴 가득 뿌듯함이 별처럼 떠오르는 것을 느끼게 될 것이다.

무슨 일이든지 첫 단추가 중요하다. 첫 단추를 성공적으로 꿰면 나머지 단추는 저절로 채워진다. 오늘 위의 두 가지를 성공적으로 해내면 내일부터는 자동적으로 후배들과 소외된 분들께 먼저 인사하게 된다. 전혀 그렇게 못할 것 같아도 자연스럽게 그렇게 된다.

이 작은 변화가 싹이다. 10년 뒤 오늘의 싹은 그대가 직·간접적으로 인간 관계를 맺게 되는 거의 모든 아랫사람들이 자신의 지친 어깨를 편히 기대고 싶어하는 든든한 나무 한 그루로 자랄 것이다.

♣ 생각해 보자

20대가 30대, 40대가 되는 10년 뒤, 20년 뒤의 미래는 오늘날과 비교도 되지 않을 정도로 기업 조정 및 정리가 일상적으로 이루어질 것이다.

그 무서운 태풍의 희생자가 되지 않으려면 20대에 아랫사람들의 마음을 꽉 잡는 지혜를 터득해 놓아야 한다.

탁월한 실력의 바탕 위에 아랫사람들의 마음을 사로잡는 인간 관계 능력을 갖춘 사람은 무차별적인 기업 조정 및 정리의 희생자가 되더라도, 유능한 아랫사람 모두를 이끌고 얼마든지 다른 기업으로 갈 수 있다. 또는 그들과 함께 새로운 기업을 설립할 수도 있다.

아랫사람을 섬기고 받드는 자세는 도덕적 겸손을 넘어서 예상치 못한 불행을 오히려 행운으로 돌려놓는, 성공을 부르는 실질적인 힘이 된다.

제10일 인간 관계의 진정한 성공자가 되어라

20대는 온통 고통으로 일그러진 시기다. 무슨 1980년대 수필에 등장하는 문구처럼 젊음 그 자체만으로 아름답다거나 빛나 보이는 시기가 아니다. 어딜 가든 지시받고 무시받으면서 졸병 아닌 졸병으로 살아가는 시기, 그게 바로 정상적인 20대의 모습이다. 차라리 실패 그 자체, 부끄러움 그 자체, 오점 그 자체라고 부를 수 있는 존재, 그게 진정한 20대다.

고통을 모르는 20대는 20대라고 할 수 없다. 모든 일이 잘 풀린다고 말하는 20대 역시 20대라고 할 수 없다. 그들은 정신적으로 여전히 10대다. 우리 모두는 10대 때 마치 물체처럼 살았다. 내 꿈을 이루기 위해 집을 떠난다든가, 세상의 규칙을 거부하고 내 규칙대로 살아간다거나, 어른들이 만들어놓은 틀을 깨뜨린다거나 하는 등의 일은 상상조차도 못했다. 마치 자기 의지라고는 전혀 없는 무생물처럼 공부만 붙들고 살았다. 그때 우리는 고통이 뭔지 잘 몰랐다. 학교만 잘 다니면 만사 오케이였기 때문이다. 10대였기에 가능한 삶이었다.

정신적으로 여전히 10대인 20대가 너무도 많다. 거절당하는 게 두려워서, 무시당하는 게 무서워서 사회가 만들어놓은 틀에 자기 자신을 꼭 끼워 맞추면서 사는 20대라니, 자기 자신의 뜻보다는 남의 눈치를 더 귀하게 여기는 20대라니, 그건 차라리 재앙이다.

정상적인 20대는 철옹성 같은 세상을 향해서 맨몸 그대로 돌진하는 사람이다. 세상을 향해 "넌 틀렸어!"라고 선언하는 사람이다. 철옹성이 무너질 때까지 온몸으로 부딪치는 사람이다. 철옹성을 맨몸으로 쳐대니 아픔이 없을 리 없다. 상처가 없을 리 없다. 그래서 정상적인 20대의 삶은 온통 고통과 눈물로 채워진다.

문제는 이 과정에서 잘못된 인간 관계 마인드를 갖게 될 확률이 높다는 것이다. 경험이 없다고, 돈이 없다고, 능력이 없다고 여기저기서 두들겨 맞으면서만 살다 보니 "내가 성공하면, 내가 돈을 많이 벌면, 내가 유명해지면 그땐 사람들이 나를 함부로 대하지 못하겠지. 모두들 나랑 사귀고 싶어서 안달하겠지" 같은 잘못된 생각을 갖게 되는 것이다.

그러나 결론부터 말한다면, 착각이다. 그것도 정말 한심하기 이를 데 없는. 물론 성공하고 유명해지고 부자가 되면, 어디를 가든 환영받는다. 모두가 나를 특별한 존재로 대접해 준다. 그리고 다들 나를 사귀지 못해서 안달한다. 하지만 그 모든 소란의 초점이 내가 아닌 내가 가진 것, 또는 내가 이룬 것에 맞춰져 있다는 게 문제다.

보기와 달리 사람들은 어리숙하지 않다. 업적 때문에, 돈 때문에, 유명세 때문에 누군가에게 마음을 줄 정도로 단순하지 않다. 속으로는 인간과 인간의 소유물을 정확하게 구분하면서도, 겉으로는 그 둘을 얼마든지 하나로 묶어서 대할 수 있는 존재, 그게 바로 인간이다.

내가 가진 것으로 사람들에게 다가가기보다는 내 존재 자체로 사람들에게 다가가려는 노력을 하면서 살아라. 그래야 욕망이 아니라 마음을 얻는 사람이 될 수 있다.

인간 관계의 법칙은 단순 명확하다. 진실한 마음으로 다가가는 사람은 진실한 마음을 얻는다. 반면 다른 마음으로 다가가는 사람은 다른 마음을 얻는다. 나를 이용하려는 마음, 내게서 이익을 얻으려는 마음, 원하는 것을 얻으면 바로 뒤돌아서는 마음 같은.

물론 그렇다고 성공하지 말라는 것이 아니다. 유명해지거나 부자가 되지 말라는 것 역시 아니다. 세계적으로 성공하고도, 세계적으로 유명해지고도, 거대하다는 표현이 어울릴 정도의 부를 쌓고도 얼마든지 진실한 인간 관계를 맺을 수 있다.

핵심은 인격이다. 내가 사람들을 소유물로 판단하지 않고 인격으로 판단하는 사람으로 변화할 때, 내가 사람들에게 내가 이룬 것이 아니라 내 인격으로 판단 받는 사람이 되고자 노력할 때, 비로소 참된 인간 관계가 생겨난다는 것이다. 20대에 이 사실을 깨닫는 사람만이 후회 없는 삶을 살 수 있다.

♣ 오늘은……

오늘은 내 안에 있는, 인간 관계에 대한 환상을 깨뜨려라.

지금 보잘것없는 인간 관계를 맺고 있다면, 그것은 혹시 내 열등감에 따른 결과가 아닌지 의심해 보자. 마음 한 구석에 있는 '아직 내가 무엇이 되지 못했기 때문에', 또는 '아직 내가 무엇을 갖지 못했기 때문에'라는 생각 때문은 아닌지를 점검해 보라는 말이다. 마음 깊은 곳을 들여다보기 바란다.

지금 평범하기 그지없는 인간 관계를 맺고 있다면, 그것은 혹시 내가 너무 '주고받기' 식 인간 관계 마인드에 젖어 있기 때문은 아닌지 의심해 보자. 남에게 받은 것 이상을 주지 않고, 남에게 준 것 이상을 받으려 하지 않는 태도 때문에 인간 관계에 스스로 제한을 두고 있는 것은 아닌가를 살펴보라는 뜻이다.

지금 활발하기 이를 데 없는 인간 관계를 맺고 있다면 그것이 혹시 거품은 아닌지를 의심해 보자. 내 성격이 좋기 때문에, 내 외모가 괜찮기 때문에, 내가 공부나 일을 잘 하기 때문에, 내가 돈을 잘 쓰기 때문에와 같이 나의 본질 자체와는 큰 상관이 없는, 한 마디로 사람들이 내가 가진 것에 끌리고 있는 것은 아닌지 그것을 냉정하게 분석해 보라.

환상을 깨뜨렸다면 새로운 인간 관계 마인드를 가져라.

사람들에게 받으려고 하지 마라. 준 만큼 받지 못하더라도 마음 상하지 마라. 이런 태도를 버릴 때라야 비로소 내 안에 진실이 생겨난다. 누군가에게 주는 것은 주는 행위 자체가 보답이니, 줄 수 있다는 사실 자체를 감사해라.

모든 인간의 내면에 신의 형상이 깃들어 있다는 사실을 믿어라. 이 같은 사실을 믿을 때라야만 우리는 다른 사람을 진실하게 존중할 수 있다.

진실을 말하는 것을 두려워하지 마라. 누군가에게 고쳐야 할 점이 있으면 사실대로 말하라. 누군가의 감정이 상할까 봐, 또는 누군가와의 인간 관계가 깨질 것을 두려워해 입을 다물지 마라. 물론 감정이 상하지 않도록 최대한 부드럽게, 인간 관계 역시 깨지지 않도록 지혜롭게 이야기해야 할 것이다. 솔직하게 이야기해 주고 그가 변화할 수 있도록 도와주어라. 내가 진실해야 상대방도 내게 진실해진다.

새로운 인간 관계 마인드를 따라 행동해라. 지금 바로 사람들과 부딪쳐라. 매일 만나는 사람들과 새롭게 만나는 사람들에게 그대의 새로운 인간 관계 마인드를 경험시켜라. 그대의 진실이 그들의 진실을 깨울 때까지 그렇게 하라. 오늘 인간 관계의 진정한 성공자의 길로 가는 첫발을 떼어라.

♣ 생각해 보자

세계 최고의 투자가라 불리는 워렌 버핏은 진실한 인간 관계를 추구하는 사람으로 정평이 나 있다. 철저한 무명에 가난뱅이였던 과거나 빌 게이츠 이상 가는 유명세와 부를 갖고 있는 현재나, 변함없이 진실한 태도로 사람들을 대하고 자신도 상대방에게 그와 같은 대접을 받는다고 한다. 한 마디로 그는 인간 관계의 진정한 성공자라고 할 수 있다.

워렌 버핏이 좌우명처럼 삼고 있는 말을 곰곰이 음미해 보면 그 비결을 엿볼 수 있다. 워렌 버핏은 자기 자신에게 항상 다음과 같은 말을 들려준다고 한다.

"부와 성공이 친구나 사랑하는 사람의 수를 늘려주지는 못한다."

"가장 중요한 것은 인격이다."

진정한 20대라면, 다시 도전하라.

30일 플랜이 끝났다.

아마도 그대는 플랜을 잘 실천하지 못했을 것이다.

그것은 당연하다:

그대가 20대이기 때문이다.

하지만 20대이기 때문에 해야 할 일이 있다.

30일 플랜에 다시 도전하라.

그대는 할 수 있다.

참고 도서

1. 『보도 섀퍼의 돈』 보도 섀퍼 | 북플러스

2. 『마녀가 더 섹시하다』 김순덕 | 굿인포메이션

3. 『삼성전자 왜 강한가』 한경특별취재팀 | 한국경제신문

4. 『생각의 법칙 10+1』 존 맥스웰 | 청림출판

5. 『1% 부자의 법칙』 사이토 히토리 | 한국경제신문

6. 『18시간 몰입의 법칙』 이지성 | 맑은소리

7. 『총각네 야채가게』 김영한, 이영석 | 거름

8. 『아침형 인간 1』 사이쇼 히로시 | 한스미디어

9. 『아침형 인간 2』 쿠로카와 야스마사 | 한스미디어

10. 『보도 섀퍼의 성공전략』 보도 섀퍼 | 영림카디널

11. 『노르웨이 라면왕 Mr Lee 이야기』 이철호 | 창작시대

12. 『워렌 버핏의 부』 로버트 P. 마일즈 | 황매

참고 잡지

Success Partner, 2003~2004

참고 기사

「CEO 체질인가? 5가지 판단기준」 이치구 기자, 『한국경제신문』

「배우 전광렬 인터뷰」 이재환 기자, 『스포츠투데이』